101 BERÄTTELSER
OM EN SKOLA SOM INTE ÄR FÖR ALLA

Omslagsfoto: Fasphotographic/Dollar Photo Club

Redaktörer: Mats Abrahamsson, Agneta Rythén Martin, Thomas Secher

Ansvarig utgivare: Thomas Secher, Framtidsbyrån AB

Grafisk formgivning: Helena Lager Ovik

Förlag och tryck: BoD

ISBN: 978-91-7463-562-1

FÖRORD

VI BAD FÖRÄLDRAR, LÄRARE OCH ELEVER BERÄTTA OM DERAS EGNA ERFARENHETER AV EN SKOLA SOM INTE ÄR FÖR ALLA. Resultatet presenteras i den här boken. Vi har inte gjort något urval utan de berättelser som finns här är de första 101 berättelserna vi fick in – återgivna oredigerade, precis som vi fått dem berättade för oss.

Det är 101 gripande, rörande och upprörande berättelser om en skola som inte fungerar för alla, men också några om hur bra det kan bli när myndigheter och beslutsfattare tar sitt ansvar och tillhandahåller de resurser som behövs!

Den situation som beskrivs i berättelserna är tyvärr något som idag drabbar fler och fler barn och föräldrar och beror på en slarvigt skriven skollagstiftning. För att komma tillrätta med problemet behövs omgående ett förtydligande i skolförordningen så att alla barn får det stöd de behöver.

Vi publicerar berättelserna för att uppmärksamma ansvariga beslutsfattare och alla andra på situationen. Längst bak i boken kan du läsa mer om problemet och vad man kan göra åt det.

Med ett varmt tack till alla er som har delat med er!

En skola för ALLA!

101 BERÄTTELSER
OM EN SKOLA SOM INTE ÄR FÖR ALLA

1. UTVISAD FRÅN DAGIS, FÖRSKOLA OCH SKOLA

JAG ÄR 15 ÅR NU. I hela mitt liv har jag blivit flyttad på och utvisad, på dagis, i förskolan och sedan i skolan. Jag har Aspergers/ADHD/ Tourettes syndrom. Jag har det svårt att umgås med flera människor samtidigt. Jag måste koncentrera mig på vad som sägs, tänka ut vad ni menar och vad jag själv då ska göra eller säga. Jag blir uppstressad då. När jag blir riktigt stressad tappar jag kontrollen. När jag var liten då skrek jag, sparkade, slog huvudet i väggen. Då drog min lärare ur mig ur rummet, höll fast mig. Skrek ut äcklig andedräkt med orden att jag skulle vara tyst, lugna mig, skärpa mig. Det gör ont när ni tar på mig, era röster tjuter i mina öron och jag kan då inte skilja ut vad som menas. Ni lärare, ni gjorde mig illa för livet. Jag var inte ouppfostrad, elak eller trotsig som ni sa. Jag är rätt smart av mig, men jag har inget godkänt betyg. Jag har knappt varit i skolan under åren som gått, jag har varit för svår och passar inte in. Den här terminen får jag undervisning av en lärare 3 Tim 3 dagar i veckan. Jag skriker inte mer , jag sparkar inte eller dunkar mitt huvud i väggen. Jag är väl mest tyst nu för tiden, håller på med mitt liksom. Vore bra om nya utbildningsministern kan ordna så att såna som jag kan få lite hjälp med undervisning så vi kan utbilda oss och kunna jobba när vi är vuxna. Tack för ordet!

//Linus 15 år

2. POJKEN SOM SPRINGER HEM BARFOTA I REN PANIK

JAG HETER NEO OCH JAG ÄR SJU ÅR GAMMAL. Jag bor i det röda huset med mamma, pappa och tre syskon. Jag älskar att spela tv- och dataspel. Jag är bäst på spel och spelandet gör mig glad. Just nu är jag hemma från skolan för att min mamma vill att jag ska ha det bra.

När jag är på skolan måste jag sitta i ett litet rum och det enda jag får göra är att se på Youtube på en iPad. Det var okej i början men nu är det tråkigt. Jag har lärt mig mycket engelska så nu vet jag vad mamma säger när hon pratar hemlisar med pappa. Ibland kommer min kompis in till mig och leker en stund men så fort vi kommit igång måste han gå.

Jag förstår inte vad de gör där inne i klassrummet. Ibland när jag får mycket energi springer jag in till klassen och gömmer mig bakom soffan eller hoppar på skolbänkarna. Då vill läraren och assistenten ta ut mig därifrån. Jag får inte vara i klassrummet med de andra. Jag får inte göra någonting. Det är tråkigt.

Jag känner mig knäpp. Alla tycker att jag är knäpp. Jag fattar ingenting. Det är så jobbigt att det ibland känns som att jag brinner och då springer jag hem barfota. Jag hinner inte ta på mig skorna för jag kan inte tänka.

Min mamma säger att jag visst fattar. Hon säger att jag kan plus och minus, mer än många andra i min klass. Hon säger att jag kan läsa och skriva men jag fattar ändå ingenting. Senaste veckorna har jag börjat snurra mitt finger runt mitt öra för att visa att jag är knäpp. Jag har sagt till mamma att jag vill gå i en F-skola där alla får F i betyg och inte fattar någonting. Jag vill få kompisar.

Nu är jag som sagt hemma med mamma. Det känns bra för jag får spela mina favorit spel och då känner jag mig bra. Mamma tvingar mig att ta pauser ibland och nu har vi hemmaskola. Jag räknar två sidor matematik och gör två sidor i svenska boken. Mamma hjälper mig genom att skriva ner svaren men hon säger att det är jag som ska ska tänka ut dem. Jag har svårt att sitta stilla så mamma får påminna mig flera gånger att sätta mig och titta i boken. Men jag är snabb, jättesnabb, det tar högst 10 minuter för mig att göra alla skoluppgifter.

På kvällen när vi går och lägger oss brukar mamma fråga hur det känns att vara en skolpojke nu när jag gör skoluppgifter för första gången. Jag gömmer mig under täcket när hon pratar om det för det känns jobbigt men jag sträcker ut min hand och formar mina fingrar till ett "tummen upp". Då vet mamma att det känns bra och hjälper mig även nästa dag.

Trolls in your face!

//Neo LOLOLOLOLOLOOOOO
Mamma Carina

3. EXKLUDERANDE INKLUDERING I DEN "VANLIGA" SKOLAN!

MIN DOTTER M HAR ÄNDA SEDAN HON VAR 3 ÅR HAFT DIAGNOSEN AUTISM, ADHD OCH TOURETTES SYNDROM. Hon klarar inte av stora barngrupper större än max 4 elever. Hon klarar inte av att äta i Bamba eller att ha musiklektioner. Hon klarar inte av att sitta i ett vanligt klassrum p g a ljud, ljus och alla intryck av möbler m m. Hon klarar inte av alla miljöbyten på skolan så som byte av klassrum mellan lektionerna. Hon klarar inte av den stora skolgården på skolan som känns stor och skrämmande. Hon förstår inte det sociala samspelet mellan kompisar.

Under 2 år i den vanliga skolan krävde rektorn att M skulle inkluderas på skolan då det enligt den nya skollagen gäller alla barn. Under 2 år fick M dagligen gå ut ur klassrummet p g a utbrott och frustration över den miljö som inte var anpassad för henne. Under 2 år blev M mer och mer exkluderad på skolan. Hon blev utfryst och ensam både på skoltid och hemma.

Ingen ville leka med M som bara bråkade och slogs. Det sista året på skolan satt M ensam i en liten lokal med en outbildad assistent. M åt inte längre i skolans matsal då hon inte orkade… M var så ensam att hon började ifrågasätta sin existens. Hon orkade inte gå till skolan längre. Hon grät sig till sömns varje natt. Vi kämpade dagligen med att få rektorn och skolchefen att försöka förstå att M inte klarar av den här formen av skolmiljö. Ingen lyssnade på oss och det enda de hängde upp sig på var skollagen och inkluderingen.

Vi bad om att få byta till en specialskola med rätt utbildad personal och med rätt skolmiljö. Vi blev nekade p g a ekonomin i stadsdelen och åter igen inkluderingen.

Till slut fick vi anmäla skolan till Skolinspektionen. Efter anmälan sökte rektorn till den anpassade specialskolan. När M började i specialskolan visade vi papper på att hon skulle uppnå alla målen enligt den gamla skolan. Även i ämnet musik som hon endast haft en lektion i då läraren på den gamla skolan inte hade någon tid över för M.

Efter 3 månader på specialskolan har M utvecklats både socialt och blivit mer självständig. Vi har precis haft möte med skolan och ett utvecklingssamtal där det visar sig att M inte alls kommer uppnå målen som tidigare kommunal skola sagt.

M har enorma svårigheter i både läsning och skrivning. Vi har fått börja med talböcker och en utredning kommer att göras. Hur kan man låta ett barn få sitta helt ensam under 2 års tid och utan att uppmärksamma att eleven inte kan läsa och skriva.

Idag har M fått kompisar på den lilla specialskolan. Eftersom specialskolan är liten i storlek och att miljön är skapad utefter behoven så skulle det vara en katastrof att tvinga in M i den "vanliga" skolan igen. Skolan som gjorde att hon ifrågasatte sin existens.

I special skolan tränar man det sociala, klassen är liten endast 6 elever. Bamba rymmer max 18 barn och skolgården är liten och inramad. Idag är M inkluderad och känner sig delaktig i en grupp anpassad utefter hennes behov.

Snälla låt våra barn få gå kvar i Specialskolorna och känna att dem kan lyckas i livet. Ta inte bort deras självkänsla som efter så många år av utanförskap äntligen börjar byggas upp så sakteligen.

//Malin

"Snälla låt våra barn få
gå kvar i specialskolorna och
känna att de kan lyckas i livet.
Ta inte bort deras självkänsla
som efter så många år av
utanförskap äntligen
börjar byggas upp
så sakteligen."

4. ERIC FÖRE OCH EFTER DIAGNOS OCH HJÄLP

ERIC ÄR IDAG 10 ÅR. När han började skolan försökte vi få stöd till honom direkt eftersom vi märkte att han låg långt efter sina kamrater i förskoleklassen. Han fixade helt enkelt inte sin skoldag utan hjälp. Vi stred för Eric i skolan, men Erics lärare och rektor på skolan såg inte våra bekymmer. Vi hade också påtalat att vi trodde han hade dålig syn, vilket skolsköterskan skulle undersöka – men vi hörde inget. Det tog två år tills Eric gick i årskurs 2 på samma skola då vi själva inte orkade stå bredvid längre. Rektorn ville inte göra en kartläggning och struntade i remissvaret från BUP, vår son låg på gränsen för vad som kallas depression och uttryckte med jämna mellanrum att han ville dö – för han var inte som alla andra. Vi grät inombords men stred utåt! När vi sedan själva lyckades få till stånd en utredning på BUP, efter att han hade börjat i tredje klass och bytt skola så fick han den hjälpen han behövde. Eric fick diagnosen Autism och ADHD och har idag en fantastisk resurs i skolan. Men nästan fyra år av hans skolgång är bortkastade – han fick inte adekvat hjälp av utbildad personal, han fick gå ut ur klassrummet med fritidspersonal (som inte heller är utbildade), han fick hot om att bli avstängd från gymnastik och bad (då han inte kunde hejda sig från att kliva ur sätet innan bussen stannat), han rymde otaliga gånger från skolan och han hotade med att ta sitt liv! Allt detta för att resurserna inte fanns att tillgå, för att både lärare och rektorer saknar utbildning om barn med särskilda behov och för att skolsköterskan missade hans grava synfel (eftersom han var för aktiv och jobbig att göra syntester på) – Vi stred för vår son… men orkar alla göra det???!!! Ska det verkligen behövas en diagnos för att få rätt stöd i skolan?? Enligt skollagen är det inte så… men verkligheten ser helt annorlunda ut!!!

//Mamma Eva

5. MAMMA JAG VILL DÖ

JAG HAR 2 DÖTTRAR MED AST SOM MÅTT VÄLDIGT DÅLIGT AV SKOL-SITUATIONEN OCH AVSAKNADEN AV ADEKVAT BEMÖTANDE, jag väljer att berätta om yngsta dottern.

När min dotter var 10 år orkade hon inte längre. Dotterns pedagog märkte redan i första klass att dottern var i behov av extra stöd och föreslog utredning. Hon fick 2 år senare diagnoserna Autism i barndomen, ADHD. Dyslexiutredningen drog ut på tiden men 1 år senare genomgick hon den med resultatet grav dyslexi.

Själv hade jag tröttnat på att som förälder försöka stå upp för mitt barn för att ge dottern adekvata anpassningar, dottern hade svårt att hänga med i undervisningen, läste dåligt, hade svårt att nå målen och dessutom hade hon nu börjat skriva mycket sämre, vilket pedagogen uppmärksammat genom att sticka under bevis framför dottern genom den berättelse dottern hade skrivit ett år tidigare, "Titta så fint du skrev här". Pedagogen hade ju gått kursen och "kunde det här", dessutom hade hon ju sett "I rymden finns inga känslor". Jag kontaktade Habiliteringen som sedan blev mitt stöd vid alla möten med skolan, Specialpedagogen kom med råd och stöd till pedagogen som närmast kände sig förnärmad. Eftersom dottern nu hade diagnoser kunde skolan söka extra pengar till resurs, en resurs helt utan NPF-kunskaper anställdes och kom hela klassen till godo.

För att göra en lång historia kort, dottern orkade inte, resursen var bekymrad då skolan har en läroplan och kunde inte ta till sig Habiliteringens stöd och råd. Dottern mådde allt sämre och en dag vägrade hon gå till skolan, hon ville inte leva, vi vidtog adekvata åtgärder. Tyvärr fanns det inte i kommunen någon SU-grupp vid det tillfället och någon annan skola kunde inte ta emot dottern. Med hjälp av KBT från psykolog på Habiliteringen lotsade vi dottern sakta ut så att hon till slut vågade gå in i skolan igen. Då kom dödsstöten. Vid mötet med skolan och alla oss berörda, Ställde jag frågan "Kan ni ta hand om dottern nu när hon kommer tillbaka" rektorn svarade. "Nej".

Habiliteringen och elevhälsans speciallärare beslutade att ta hand om dotterns undervisning i lämplig lokal. Några månader senare startades en SU-grupp i en av kommunens skolor där pedagoger med djup kunskap om NPF arbetar, där dottern fick plats.

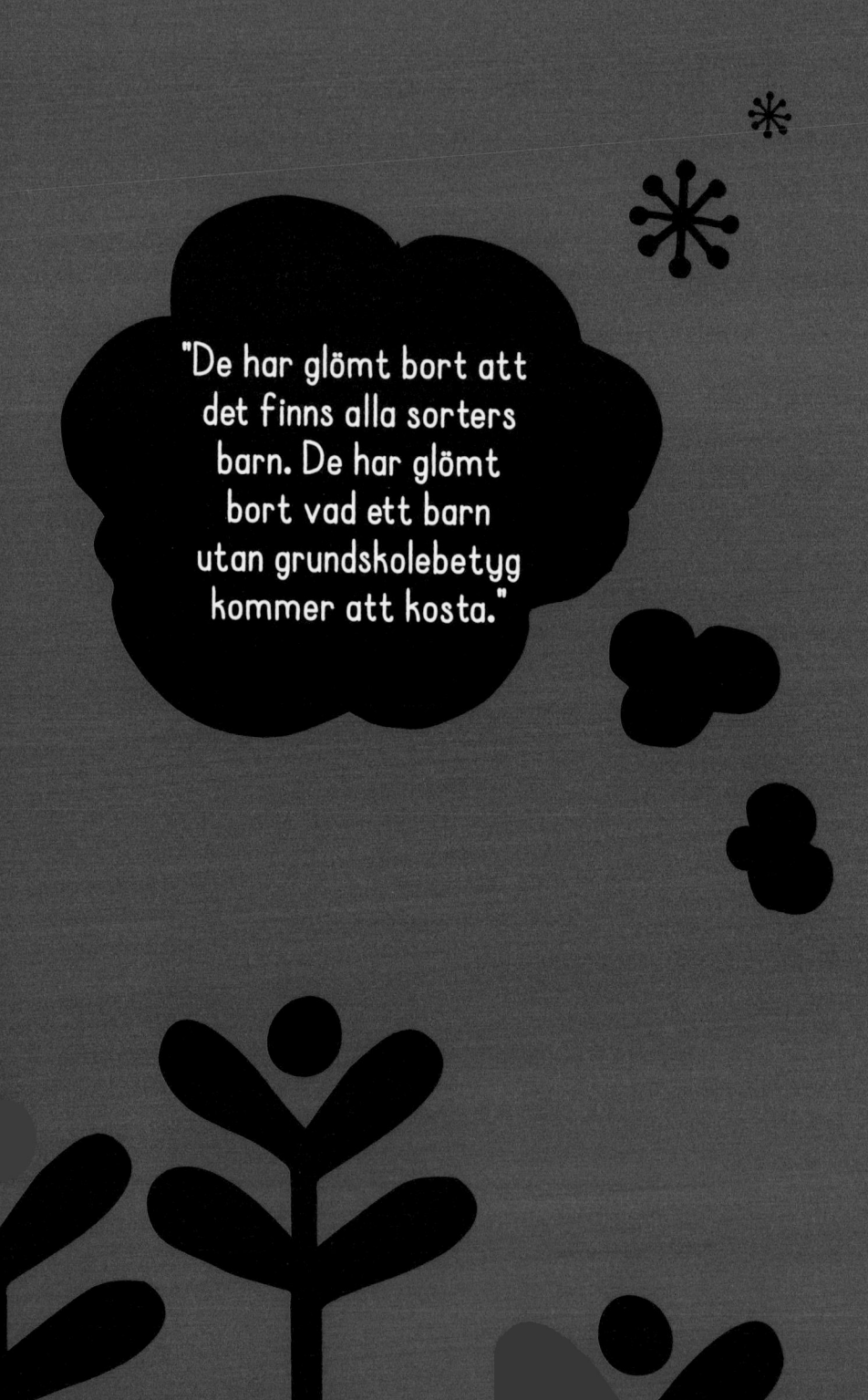

"De har glömt bort att det finns alla sorters barn. De har glömt bort vad ett barn utan grundskolebetyg kommer att kosta."

Hon är nu 12 år och har sedan skolbytet näst intill 100 % närvaro och har utvecklats fantastiskt, tyvärr ligger hon flera år back, men tar igen åren sakta men säkert.

//Kerstin

6. BARNEN SOM INTE FINNS

MIN SON GÅR I ÅK 7 OCH HAR ASPERGERS. I min kommun finns inte såna som han. Såna som inte klarar att interagera med 25 klasskompisar.

Såna som behöver struktur och tydlighet och max 3–4 klasskamrater men som samtidigt har ett IQ högt över normalbefolkningen.

Smågrupperna togs bort, för de som gick där fick inte tillräckligt bra betyg.

I grannkommunen finns såna som han men min kommun betalar inte för plats där. Det finns inga pengar.

Hans ångest för att gå till skolan är så stor att han funderar på att hoppa framför tåget. Varje dag får vi passa och bevaka så att det inte blir så.

Det är svårt att förklara inkludering för en som hellre vill dö än gå till skolan.

Min kommun heter Nynäshamn och har Socialdemokratiskt styre.

De har glömt bort att det finns alla sorters barn. De har glömt bort vad ett barn utan grundskolebetyg kommer att kosta.

//Salander

7. SKOLBYTE X 3

DOTTERN BÖRJADE FÖRSKOLEKLASS. Vanlig, kommunal skola. Skolan var rörig med många lärarbyten. Under våren fick dottern diagnos ADHD. I ettan började problemen på allvar. En skola som inte kunde/ ville förstå och en dotter som vägrade gå till skolan. Det blev några vändor på BUP och ännu fler vändor till skolan på div möten.

Anmälde skolan till Skolinspektionen men insåg snart att ett skolbyte var det enda rätta. Sagt och gjort. Bytte skola andra terminen i ettan. Fortfarande en kommunal skola, men en skola jag trodde hade lite mer förståelse för barn med diagnoser.

Det funkade ett tag, men i 2:an var det dax igen. Dottern skolvägrade, fick panik, ångest mm. Nya möten med BUP och remiss till Mellanvården.

Nya åtgärdsplaner, nya skolmöten – nu även med Mellanvården. Fortfarande en ohållbar situation med en skola som tyckte att "Barn med ADHD får lära sig anpassa sig efter skolans regler" (sagt av specialpedagogen…) Att dottern nu stod på kö till en AST-utredning sågs inte som förmildrande omständigheter. Tvärt om fick jag av skolpsykologen höra att min dotter saknade diagnos…???

Nu har vi precis genomfört skolbyte nummer 3. Denna gång till en fristående resursskola. Så nu är det snart dax igen – nya möten, nya åtgärdsplaner och snart även en ny utredning som med största sannolikhet kommer att påvisa AST.

Om denna skola är rätt får framtiden utvisa – annars återstår – vad då? Hemundervisning???

//Jenny

8. RESURSER FÖR BARN MED SPECIELLA BEHOV

VÅR SON HAR AUTISM OCH HAR BEHOV AV EN RESURS. Han går nu i förskolan. Hela hans första år hade vi en "resurs" som inte brydde sig om honom, utan lät honom sitta ensam och koncentrerade sig på de andra barnen, tvärt emot hela syftet. Det tog oss över 4 månaders klagan innan "resursen" slutade självmant. "Resursen" hade ingen som helst utbildning på att ta hand om barn med speciella behov. Enligt lag har vår son rätt till stöd. Varför fick han inte stödet han behöver?

//Kent

9. VI HAR TYDLIGEN ADHD

DEN ÄR EGENTLIGEN LÅNG, MIN BERÄTTELSE.... Faktiskt mycket längre än jag själv orkar minnas.

Vi har tydligen ADHD. Jaha, det är alltså därför vi är så fantastiska. Och därför vi inte orkar eller kan passa in i miljöer som bygger på att vi alla fungerar lika.

Det är därför barnen fått utbrott när livet blir för mycket för dem och ingen står på deras sida.

Därför jag fått sluta arbeta, för att jag är den som ser och vet vad de behöver för att klara av sina obligatoriska dagar i stimmiga miljöer. Jag är den som måste medla, som måste förstå både barnen och skolan. Så mina barn ska klara av att alls gå till skolan. Jag är den som måste förklara, entusiasmera, locka och tjata, ligga steget före. Jag är den som inte kan ge upp.

Jag såg fram emot när barnen skulle börja skolan, tänkte att nu får mina vetgiriga energiknippen utbildad personal som kan hjälpa dem att växa… Men nu är det jag som kämpar för att deras vetgirighet inte ska slockna, för att de ska kunna växa och mogna…. trots att de måste vara i skolan fem dagar i veckan.

Skolan idag saknar resurser, det kan vi nog alla se. Men den saknar också kunskap, förståelse och ibland även viljan hit, eller orken?

Skolsystemet idag är liksom inte byggt utefter människor. Man pratar som om det vore det, men pratet hamnar som ett skal på ytan.

Jag tror på dig Gustav, jag tror på din vilja och hoppas du förmår. Stort lycka till!

//Annika

10. SKOLKAMP

VI HAR FÅTT KÄMPA FÖR VÅR SON SEDAN HAN FICK SIN DIAGNOS. Kämpat för hans rätt till assistent, till förståelse för hans svårigheter och massor av möten med berörd personal. Vi har fått massor av telefonsamtal från skolan att det har varit bråk. När det inte har fungerat och vår son hat blivit mobbad har skolan föreslagit att vi ska byta skola istället. Men vi ger inte upp. Varje dag är en kamp.

//Jaana Blixt

11. MIN DRÖMSKOLA

JAG HETER JULIAN OCH JAG SKA BÖRJA ETTAN TILL HÖSTEN. I min dröm-
skola finns ett helt rum fullt med täcken. Där skulle jag bygga kojor,
en massa rum. Flera barn får komma in och göra olika rum. Gärna ett
rum med glitter också. Där inne jobbar jag på min superdräkt, syr och
limmar. Jag har redan en glittrig ring som ger styrka.

Nu går jag i en förskoleklass på en bra skola. Men det är stökigt
när vi är alla tio i klassen på en gång. Till exempel om de frågar om
jag ska vara med och leka kanske jag redan leker med en annan. Jag
säger ofta "nej tack men senare". Ibland säger jag ja till två lekar. Då
brukar jag smita ut utan att säga något. Det blir rörigt.

Det är så mycket man kan göra i skolan. Bara det inte är så rörigt.
Jag har öronskydd på mig men ljudet går igenom hela tiden. Jag hör
alldeles för bra.

Jag vill bygga och göra ritningar och modeller i trä. Massor av
material som man kan bygga med. Jag vill sy och ha många fina
stenar och glittriga grejer. Om skolan inte har glittriga pärlor kan jag
ta med mina.

Jag vill ha ett rum med en stor skärm på väggen så att jag kan
lyssna på musik. I rummet ska finnas många instrument, särskilt
flöjter, gitarrer och trummor. Där ska man också kunna sjunga. Mitt
batteri laddas upp till 100 % om jag lyssnar på en melodifestival. I
skolan vill jag göra en låt till Minimello.

Sen vill jag kunna använda datorer i skolan.

Skolgård kan vi strunta i. På en skolgård är det så många barn ute
samtidigt. Spela bandy, det gjorde jag en del förut på skolgården men
det är svårt att hålla reda på vilket lag man är i.

"Mitt batteri laddas upp till 100% om jag lyssnar på en melodifestival."

En varm dag skulle det inte skada att kunna gå ned till vattnet. Men det behöver inte vara skolgård.

Läsa, skriva och räkna är inte så viktigt. Skriva låtar kan jag ju redan. Jag spelar in dem på en telefon så att jag kommer ihåg dem. Mina låtar handlar oftast om något viktigt, som naturen.

Många vuxna som jag känner kan läsa, skriva och räkna siffror. De kan lära mig.

Jag gillar experiment. Kulor. Ett rum fyllt med kulor i skolan kanske! Där fick man ligga och dra sig fram, för om man går halkar man. Kanske i samma rum som man har täcken? Vi får se.

Sen ett underjordiskt rum. Ett runt. Som hade ett fönster som inte visade ut till friska luften utan ut till jorden. Där skulle man kunna se och studera maskarna.

Jag vill jobba med olika vätskor som kan explodera lite grand. Inte så farligt men små experiment. Det skulle väl kunna fungera i en skola?

Ingen lärare på min drömskola skulle vara sträng. Min fröken skulle förstå att vi alla är olika.

Men det viktigaste är nog att jag får jobba i ett eget rum och ha en stödperson. Helst Klas, som är min stödperson idag. Det är det bästa.

//Julian 7 år

Fick under höstterminen 2014 ny stödperson, ny lärare, ny rektor, nytt klassrum. Kraschade efter bara någon månad av stress. I oktober började han på specialskola för elever med Aspergers.)

12. VÅRT BARN HAR 4 DIAGNOSER MEN INGEN RESURS

ATT SKOLAN EFTER 1 1/2 ÅR, OCH MED VETSKAP OM ATT VÅRT BARN HAR EN NPF-DIAGNOS, skickar oss brev hem som beskriver vårt barn som "provocerande och gränslös" och som "vägrar göra samma uppgifter som sina klasskamrater" är ett smärtsamt konstaterande av hur illa ställt det är för dessa barn i dagens skola.

Vår son beter sig utmanade och annorlunda eftersom han INTE HAR FÖRMÅGA att göra som de flesta andra. Han tvingas kämpa och anstränga sig dubbelt upp för att försöka passa in i den snäva norm som skolan erbjuder. Men han orkar inte hela vägen, inte heller hela dagen eller ens hela arbetspasset. Eftersom han har en funktionsnedsättning. Som inte tas på allvar. Ingen skulle någonsin säga till en synskadad att: "Titta lite bättre, eller till en hörselskadad att: "Kom igen, lyssna noga nu." Eftersom det är helt orimliga krav att ställa. Att vårt barn dessutom straffas för detta genom att uppmanas ta hem skrivboken "för att slippa hamna efter" är helt barockt.

Vårt barn har 4 diagnoser men ingen resurs. Det smärtar oss så djupt att höra att vårt barns rop på hjälp och stöd förminskas till att beskrivas som provokation och gränslöshet. Jag blir så matt och ledsen. Att reducera ett barn till dessa epitet säger en del om skolans ignoranta inställning till barn med liknande symtom och behov som vår lilla kille.

Vår son har precis fyllt 7 år och börjar redan känna sig tveksam till att skolan är för honom. Jag är djupt oroad över hur Sveriges skola är inte för alla och hur kostsamt detta blir för alla i slutänden. Utanförskap är allvarligt hälsoproblem.

Jag önskar så att skolan skulle ta en tydligare ställning FÖR barnet och leda och erbjuda kunskap och utveckling efter behov och förmåga istället för efter inskränkta och begränsade normer som så tydligt påverkar barnets självkänsla negativt.

Vinsten vore enorm för ALLA om våra barn får känna sig som värdefulla individer som kan bidra istället för att ställa till det. Alla vinner på ett skönare och mer tillitsfullt skolklimat där ingen ska behöva känna att den inte räcker till.

//Linda

13. FRÅN MÖRKER IN I LJUSET

EN DAG FÖR ETT ÅR SEDAN: **A**TT FÅ IVÄG SONEN TILL SKOLAN PROJEKTET PÅBÖRJAS KL **6** GENOM FÖRBEREDNING AV ALLT. In i minsta detalj. Påklädning tog minst en halvtimme eftersom han tog av varje plagg minst två gånger (utan byxor kunde man inte åka till skolan eller hur?). Ångest – men mamma tänk om jag hamnar i bråk. Ilska – om de knuffad slår jag. Peppa peppa peppa. Dra ut honom till skolskjutsen. Samtal nummer ett från taxin – mamma jag vill inte. Peppa peppa.

Samtal nummer två från skolgården från hans syster – mamma han får inte ens säga hej till kompisarna de drar in honom direkt. Skolan beslutade tidigt att han inte fick ha rast med de andra barnen p g a incidenter. Pedagogerna mådde så dåligt av ledningens beslut i slutet av året att de rådde mig att ta honom från den skolan. Han skulle aldrig få en chans där.

Ångest hos systern ångest hos mig. Jobbar… Denna dan hela tre timmar innan första samtalet från skolan. – Du måste hämta honom NU. Han har sparkat en lärare….. Försöka få in vikarie på jobbet. Ångest. Chef , brukare och arbetskamrater muttrar.

Till skolan. Krismöte …. Igen. Sonen arg som ett bi men lugnar sig när han sett mig. Vill bara hem. Läraren och resten av klassen hade låst honom ute och stått innanför glaset och skrattat när han blev arg. När han blev insläppt av sin syster var han (ganska givet) i affekt och sparkade läraren när hon försökte hålla fast honom.

Ångest. Systern kräks av oro för lille bror. Skolan kräver att Jag är med i skolan. Men men men jobba då?? Jag är ensam mamma… Vem försörjer oss??

Tar hem honom. Lugn fin eftermiddag. Vi har det jätte mysigt och han minns inte det jobbiga. Förrän det är dax att åka till skolan nästa dag.

Och så börjar vi om igen…

EN VANLIG DAG IDAG: Väcker sonen en timme innan taxin kommer. Han hoppar upp klär på sig äter frukost och rusar ut till taxin. Kommer hem. Gör läxan Ler…Är lycklig. Ingen ångest nära vårt hus.

Resursskolan var vår räddning!!!!

//Pernilla och Milo

14. SKOLAN SOM GJORDE SKILLNAD

MIN FLICKA HAR DIAGNOSEN ADHD. Ända sedan hon var en liten bebis visade hon upp sina speciella förmågor – envishet, orädsla och driv, men även sina svårigheter att fokusera, slutföra och koppla av.

Redan på BVC berättade vi om våra misstankar om ADHD eftersom hon fungerade på ett helt annat sätt än vad hennes storebror hade gjort.

Hennes första år i förskola och skola (Vätterosen/Farsta strandsskolan) fungerade dock bra då den var liten och hade många vuxna i barngrupperna/klasserna.

Från år fem började hon i Kulturama Hammarby sjöstad eftersom hon tyckte mycket om sång och rörelse.

Kulturama var till skillnad från förra skolan väldigt stor. Många klasser. Stora klasser. Få vuxna. Hon började ganska snart halka efter i ämnena.

Vi träffade rektor, specialpedagog och mentor i möte efter möte där åtgärdsplaner ställdes upp men aldrig lyckades följas. En utredning startade och hon fick till slut diagnosen ADHD och började medicinera.

Strax efter hon fått sin diagnos kom vi i kontakt med Kunskapsskolans Resursskola i Hägerstensåsen.Vi fick komma på studiebesök till skolan och redan efter det besöket kände vi att vi "hittat hem".

Hon blev antagen på vårterminen år sex och nu började livet förändras för både henne och för mig. Pedagogerna mötte hennes behov och svårigheter på ett fantastiskt sätt och långsamt men säkert började hon ta igen vad hon hade förlorat. Hon kom inte bara ikapp i ämnena utan utvecklade också sin självkänsla.

Hon började inse att hon var betydelsefull och omtyckt, att hon var saknad om hon inte kom till skolan och att hon dög precis som hon var! När hon gick ut år nio hade hon minst godkänt i alla ämnen.

Kunskapsskolans Resursskola gjorde skillnad och gör än så länge fortfarande skillnad för de barn och ungdomar som har förmånen att få utbilda sig där – tillsammans med andra elever med speciella förmågor och behov, och tillsammans med vuxna som ser och bekräftar var och en precis som de är.

Det är oerhört viktigt att skolor som denna får finnas kvar och att alla elever med behov av sådant stöd får tillgång till dem. Det kan bara vara samhällsekonomiskt lönsamt att elever går ut skolan med godkända betyg och god självkänsla som hela människor – oavsett om det kostar mer under själva utbildningen.

//Tina

15. SÄRBEGÅVAD, VAD MENAR DU NU?

VÅR ÄLDSTE SON FÖRSTOD TIDIGT ALLT VI SADE MEN PRATADE INTE FÖR- RÄN VID 2,5 ÅRS ÅLDER. Vid 3 år fyllda kunde han läsa och skriva. Han lärde sig snabbt alla svampar, bilmärken, dinosaurier etc. Fakta som han hört en gång fastnar direkt. För oss var det normalt, förskolan reagerade inte men i sexårs blev det tydligt hur extremt före sina jämnåriga han låg kunskapsmässigt. Han läste tjocka kapitelböcker och drömde om att lära sig engelska och spanska. De lärde ut en bokstav i veckan. Så har det fortsatt.

Han går nu i andra klass och är totalt understimulerad, skoltrött och håglös. Men han hörs inte, stör inte, har inga problem socialt, fysiskt eller på annat sätt. Hans "problem" är att han är vetgirig och har lätt för att lära men är rädd att sticka ut eller vara till besvär.

Efter svagt intresse från skolan bekostade vi privat en psykolog- utredning och en WISC. Resultatet: sonen har inga problem men ligger på en 15-/16-åringsnivå med ett IQ över 95,5 % av befolkningens. Han är alltså vad man kallar för särbegåvad. Skolan känner inte till begreppet, kan inte förstå skillnaden mellan det och högpresterande, har ingen specialpedagog anställd och inga extra resurser för ett barn som inte stör eller är utåtagerande. Vi har haft möten, kommit med idéer och förslag men allt stupar på tids- och kunskapsbrist i skolan. Matematik får han nu till slut läsa med åk 4 (istf åk 2) men i övrigt görs inga anpassningar. Vi har nu ett barn som älskar att lära men som inte lär sig något nytt, som är ledsen och håglös efter en dag i skolan och som undrar "vad det är för fel" på honom som inte kan koncentrera sig när läraren har genomgångar. Av sådant sonen redan kan sedan många år.

Vi riskerar att få en deprimerad hemmasittande. Som så många andra med särbegåvade barn. Det här är inget "lyxproblem". Alla barn ska ha rätt till utbildning på sin nivå!

Som förälder känner jag mig oerhört maktlös, uppgiven och besviken. Vi försöker lära nytt hemma, letar efter någon lärare som vill extrajobba med honom privat etc. Vad händer med de barn vars föräldrar av olika skäl inte kan kämpa så? Det är orättvist och odemokratiskt, och ett oerhört slöseri med spirande förmågor!

Dagens system har många, många brister. Inte ens barn med flera diagnoser får det stöd de behöver och har rätt till. Ett särbegåvat barn kan – även – ha en diagnos men behöver alls inte ha det. Utan diagnos kommer man idag inte ens på fråga för något individuellt stöd. Snälla, gör om och gör rätt, och gör det nu.

//Filurmamma

16 FÖRLÅT MAMMA, DET ÄR MIG DET ÄR FEL PÅ... INTE DIG

SÅ SA MIN SON EFTER UTVECKLINGSSAMTALET I SJUAN. Han var 14 år och tog min hand på hemvägen för att trösta mig. Vi hade fått höra att han var lat, ointresserad, han fick skylla sig själv, kanske han kunde le mer, titta lärare i ögonen, ta med sig pennor till lektionerna och göra läxor.

Läxor, vi gjorde inget annat än läxor hemma, hade suttit och suddat ut ett 50-tal mattetal för att de var fel och ingen lärare hade gjort ngt. Vad var detta?

Detta var starten på vår långa och enormt jobbiga kamp för hans rätt till kunskaper. Lärare menade att det var hans fel, jag hade i sexan sagt ifrån om oro för ev dyslexi, men lärarna sa nej då. Jag stod på mig nu, och under hela högstadiet kämpade vi för diagnoser, förståelse, stöd och rätt stöd. Han fick ju en dator och då skulle det väl inte vara några problem? Alternativa verktyg vad var det? Han fick en assistent, en person som om in via LAS och ingen ville ha och som inte kunde öppna ett dokument ens på dator, som sa till sonen att hon inte ville jobba med honom egentligen.

Jag fick bli den jobbiga mamman, som mailade lärare stup i kvarten och krävde. Jag som inte bara är förälder utan också lärare i lägre åldrar fick anmäla skolan till Skolinspektionen till slut och vara den jobbiga mamman som alla pratade om. I slutet av nian hade sonen tre diagnoser: språkstörning, dyslexi och ADD. "Skylla sig själv"?

Gymnasiet kom och de lovade massor, men höll tunt. Eget ansvar, hette det. Bra att gymnasiet blir obligatoriskt! Jag fick stötta och då blev sonen, en vecka innan studenten, anklagad för fusk!!! Omöjligt att han själv skulle kunna så mycket utifrån hans diagnoser hette det. Åter igen såg jag honom falla, vi hade lyckats dra upp honom i åttan, fått honom på fötter men nu föll han. Men jag lyckades igen och han blev tokig. Han stegade upp till rektorn och skällde ut henne och krävde upprättelse. Han fick bevisa att han kunde det han haft uppgifter på, fick tenta av kurser på en vecka som han gjort på tre år. Vi hade ingen aning om han skulle få betyg eller inte sista veckan av hans år i skolan.

Idag är han 21 år, snart 22, och läser på lärarhögskolan. Som han skrek till rektorn på gymnasiet när hon frågade vad han ville göra efter skolan: Jag ska bli lärare, men inte en sån lärare som jobbar på denna skolan. Jag ska bli en lärare som bryr mig, en lärare som ser eleverna i tid, som stöttar och finns för dem från första stund.

När vi gick hem den där dagen i sjuan trodde jag att jag förlorat honom, men han kom igen och inte är det skolans förtjänst. Det är hans och min! Tänk om jag gått på skolans linje, tänk om jag anklagat honom också. Tänk om inte jag lagt alla dessa timmar till att läsa in och läsa muntligt med honom, inte hade suttit med honom och varit hans antecknare till läxor. Var hade han varit då?

Jag vill att ALLA elever ska ha lika förutsättningar där delar jag min sons åsikt. Hoppas det blir så nu!!!!

//Jayne Blomgren

17. EN NPF-UTBILDAD SPECIALPEDAGOG PÅ VARJE SKOLA!

NÄR MIN STUMPA BÖRJADE FÖRSKOLEKLASS, SÅ FICK HON EN BLÅ PRICK PÅ GOLVET DÄR HON SKULLE SITTA PÅ SAMLINGEN. Tillfälliga special-pedagoger hade tagits in för att förbereda skolan. Hon sprang ur min famn och in när hon hörde "den blå pricken". Hon visste precis vad som förväntades av henne. I ettan slogs två grupper samman, extraresursen togs bort. Så hon sprang i korridorerna istället. Det tog till trean innan hon var i klassrummet en hel vecka för första gången igen. Tre år tog det att återställa det som hände när man tog bort resurs och rätt pedagogik. Hon rymde ändå ofta hem, vägrade alla läxor, vägrade räkna matte på deras sätt. En smart tjej som fick underkänt för att hon (som de flesta andra barn med Autism eller ADHD) undervisades av lärare som inte är utbildade att undervisa våra barn. Historien skulle kunna sluta här. Som underkänd. Eller som hemmasittare. Men det gör den inte.

I fyran anställde skolan en specialpedagog, utbildad inom NPF (Neuropsykiatrisk Funktionsnedsättning), och den nya klassläraren stumpan fick, hon förstod och tyckte det var okej att ett barn ligger på golvet och lyssnar, eller läser en bok under genomgång. I åtgärdsplanen ströks alla mål som handlade om att öva det stumpan har svårast för, inget mer "öva att skriva läsligt". Istället mål som bygger på det som motiverar, fixa problemen där intresset är störst. Mål som ska uppnås genom NPF-stöd, inte genom att öva... öva. Plötsligt rymmer inte mitt barn hem mer. Plötsligt gör mitt barn tre läxor i veckan. Plötsligt räknar mitt barn matte. Plötsligt har mitt barn nya favoritämnen. Plötsligt känns drömmen om att bli bibliotekarie nära igen.

En specialpedagog inom NPF borde vara en självklarhet på varje skola. En storsatsning på dessa specialpedagoger skulle spara många möten, många tårar, många underkända ämnen och elever. Och en pedagogik som tar hänsyn till olika inlärningssätt, sinnen som belastas, tankar som distraherar och en pedagogik som skapar struktur ... den pedagogiken skulle gagna mer än de 1–2 barn i varje klass som har Autism/ADHD. Istället för att inkludera våra smarta barn i en vanlig klass, tillämpa istället "omvänd inkludering" och inkludera den vanliga klassen med våra barn: låt NPF-pedagogiken bli en tillgång för ALLA elever.

//Jessica Jensen,
mamma till en smart tjej

"En specialpedagog inom NPF borde vara en självklarhet på varje skola. En storsatsning på dessa specialpedagoger skulle spara många möten, många tårar, många underkända ämnen och elever."

18. EKONOMISK VINST PÅ LÅNG SIKT ÄR ATT SÄTTA IN MER RESURSER OCH ATT NPF-UTBILDA SKOLPERSONAL

KÄRA UTBILDNINGSMINISTER,

Min dotter går i femman och vi har ansökt om resurs. Skolan har ansökt om verksamhetspeng. Fått avslag. Överklagat. Jag misstänker ett negativt svar från politikerna igen. Men får hon ingen resurs kommer det bli svårt för henne att klara skolan. Det är viktigt för henne att det finns en vuxen där som ger henne den extra trygghet hon behöver, en vuxen som finns med på både lektioner och raster då hon kämpar med sin ångest och sin ADHD varje dag. Min dotter är en oerhört smart tjej, mycket klokare än många i sin ålder, snabbtänkt, kreativ, idérik och är full av energi när hon blir motiverad. Hon är tuff och modig, men också skör och osäker och behöver därför mycket pepp och stöd. Att gå i en skola med stor klass och vara den enda med diagnos(er) är ansträngande och tar på krafterna så pass att hon ibland inte orkar och måste vara hemma. Att det ska vara så här svårt att få en resurs tycker jag är fruktansvärt. Vi förlorar så många barn i skolan i dag för att de inte får tillräckligt med stöd, för att vi vuxna som jobbar i skolan inte räcker till.

Nyckeln till hela problemet heter kronor. Det måste in med mer resurser till ALLA som behöver det. På olika sätt, oavsett intelligens eller psykiskt mående vs fysisk kapacitet. Jag är både förälder och lärare och går på knäna både på jobbet och hemma, för att man inte räcker till. Jag vet att skolan behöver pengar på en massa områden, men särskilt stöd är bland det viktigaste därför att på lång sikt förlorar samhället på att inte hjälpa de här barnen. De hamnar i utanförskap, mår sämre och hamnar kanske till och med utanför samhället. Och det kostar pengar. Det som också behövs i skolan är kunskap om hur man som lärare och vuxen ska bemöta dessa barn och ungdomar i klassrummet. Utbildning och föreläsningar om NPF till skolans alla vuxna måste bli obligatoriskt. Det kommer Sverige också vinna på

"Jag är både förälder och lärare och går på knäna både på jobbet och hemma, för att man inte räcker till. Jag vet att skolan behöver pengar på en massa områden, men särskilt stöd är bland det viktigaste därför att på lång sikt förlorar samhället på att inte hjälpa de här barnen."

i längden. Får inte min dotter en resurs så har Sverige svikit henne och vår familj. Och min dotter är bara en av väldigt många med ADHD, eller andra NPF-diagnoser. Tack för att du läste.

//Malin Roca Ahlgren,
förälder, lärare, författare

19. INKLUDERANDE SKOLA BLIR EXKLUDERANDE FÖR BARN MED FUNKTIONSHINDER

MIN SON ÄR IDAG 12 OCH HAR DIAGNOSERNA **ADHD** OCH HÖGFUNGE-RANDE AUTISM. Han är en oerhört begåvad, sensibel och reflekterande kille men tycker det är jobbigt med många människor, höga ljud, olika intryck på en och samma gång samt allt förändring.

Skolan har varit ett rent helvete för min son tills förra året. Han gick från f-klass till åk 1 i en internationell skola, där jag ständigt fick höra att det inte fanns pengar till extra resurs till min son. Han fick sitta i korridoren och jobba och en liten skrubb, tillsammans med outbildad personal. Efter två år fick jag nog och hittade via en förälder en annan skola där det skulle finnas liten resursgrupp. Min son kom in där, det funkade ok i åk 2, men i åk 3 tappade lärarna greppet totalt om situationen. Min son kunde bli inlåst i ett rum då han blev arg, han blev hela tiden tillsagd att skärpa sig, han blev isolerad från andra och blev till slut deprimerad.

I åk 4 kallade jag till ett möte med rektor, BUP och stadsdelsförvaltningen för att få till ett beslut om ny skola till min son. Jag hade då själv kollat upp att det fanns speciella skolor som inriktade sig på barn som behövde helt individuell undervisning. Jag fick till ett sådant beslut och en resurs från utbildningsenheten där jag bor tog med mig till 2 olika skolor, jag fattade sedan beslut om att sonen skulle gå i en skola som ligger 1 timmes bilfärd från hemmet, men i en lantlig miljö, med små grupper och totalt endast 20 barn på hela skolan. JAG fick driva hela denna process, rektor gjorde ingenting! Eftersom det endast var intag på hösten på den nya skolan fick min son vänta från nov till aug nästa år. Under denna tid urartade situationen helt på gamla skolan och jag beslutade mig den dag rektor stod och skällde på honom att jag skulle ta hem honom på studs. En fantastisk läkare på BUP sjukskrev min son så jag kunde vabba under 6 mån, vilket var tufft ekonomiskt eftersom jag är ensamstående med två barn.

Min son går sedan drygt ett år tillbaka på en friskola där alla barn har det gemensamt att den så kallade "vanliga" skolan inte alls har fungerat för dem. Många av barnen har bytt skolor flera ggr och tappat hela årskurser. För första gången sedan åk 1 vill han nu åka till skolan och känner delaktighet. En skola där alla barn har funktionsbegåvningar behöver extra resurser och är helt beroende av tilläggsbeloppen. Barn måste få kosta, det vi satsar på dem så tidigt vi bara kan hämtar samhället hem på så sätt att vi utvecklar individer med självkänsla, som går ut med betyg och som kommer kunna söka vidare och senare få ett jobb.

Jag tror inte alls på den inkluderande skolan, den blir för vissa barn exkluderande. Vi måste ge utrymme för en mängd olika alternativa skolor, helt enkelt för att vi alla är individer och har olika behov!

//Margita Johansson Gullstrand

20. SORGLIGT BARA ATT DET BEHÖVER GÅ SÅ LÅNGT INNAN NGT BLIR BRA

JAG HAR EN SON PÅ 9 ÅR SOM HAR AUTISM. Han är "högfungerande" men behöver ändå hjälp med mycket i sin vardag. Skolan har helt misslyckats med att tillgodose hans behov. Först fick han gå i en liten klass (14 elever) men i åk 1 gjordes klasserna om så de blev 2 ist för 3. Därmed försvann den lilla klassen min son gick i. Nu fick han gå i en stor klass med 22 elever, ny lärare OCH utan elevassistent!?

Då började problemen; ont i magen/huvudet varje dag… han hamnade efter, han blev retad o ingen "såg" eller kunde stoppa det… till slut ville han inte gå dit. Lärarna försökte få till en lösning men rektorn på skolan hänvisade bara till att det inte fanns resurser.

Men han ljög såklart då de fått extra pengar för sonen. Allt handlade om empati o engagemang!! O även mera kunskap om olika

diagnoser/ barn med särskilda behov.

Till slut tröttnade vi vuxna på situationen o på att ingen gjorde ngt så det blev en anmälan till Skolinspektionen samt ett otal samtal till den lokala tidningen som skrev ett reportage om situationen i skolan. O då tog det fart minsann! Sonen fick en resurs, fick hjälpen han behövde o ville åter gå till skolan. Sorgligt bara att det behöver gå så långt innan ngt blir bra??

Det behövs mycket mer resurser till skolan. I Sverige är det skolplikt o ALLA barn förtjänar att få bästa möjliga förutsättningar för att lyckas i skolan. Det står tom i skollagen

//Besviken förälder

21. JAG KÄNNER MIG HELT MAKTLÖS

Min dotter är adopterad. Hon kom till Sverige från Polen som två-åring och är idag åtta år. Hon har Autism och ADHD sedan 4,5 års ålder. Hon har haft resurs sedan hon var fem år. Sju resurser har passerat henne sedan dess. Hon gick på anvisningsskola i F-klass. Fungerade inte alls. För stor skola mm. Rektorn sade att de hade satt in alla resurser de hade men utan framgång och att min dotter behövde byta skola. Min dotter fick byta skola till en liten skola 5 km från hemmet. Fick en toppenbra resurs och allt fungerade bra. Hon utvecklades och familjen kunde äntligen slappna av. ht-14 beslutar kommunen att skära ned på personalen på skolan pga för få barn. De ser alltså inte till behovet på skolan utan enbart antalet barn. Min dotter blir av med resursen och får nu sköta sig helt själv. Hon mår jättedåligt, det är kaos och hon har gått tillbaka i utvecklingen. Rektorn har försökt men kan inget göra och personalen bryter ihjäl sig. Det finns många barn på skolan med behov och fler barn har blivit av med sina resurser. Jag känner mig helt maktlös.

//Johanna Jarl

22. MER TID OCH UTBILDADE VUXNA

Jag känner mig ganska ofta som en värdelös lärare, att jag inte räcker till. Jag finns alltid där för mina elever om de behöver prata,

"Jag har jobbat tre år som lärare och jag har redan börjat fundera på att sluta. Snälla, se till att man måste anställer fler vuxna utbildade till skolan och att vi lärare får mer tid till att göra ämnena spännande och att vi kan vara väl förbereda inför våra lektioner."

eller hjälp med något. Jag bryter in så fort jag ser eller hör att någon är dum mot; eller exkluderar någon annan. Jag försöker få eleverna att reflektera kring vett, etikett, positiv självbild och värdegrund och om hur man är en bra kompis. Vi sätter upp mål för studier och hur vi ska ta oss dit. Vi skrattar ihop. Oftast tycker de om mig, men ibland är de också arga eller besvikna på mig, så är det att vara vuxen. Jag försöker anpassa och justera undervisningsmaterial till eleverna så att de ska känna att de utmanas men att de samtidigt gör framsteg. Det är min vardag, jag tycker det är så roligt att få vara en del av mina elevers väg, peppa, hjälpa och alla nyanser det innebär, men det tar tid och jag hinner inte med mitt uppdrag. All den tid som jag skulle behöva lägga på att förbereda lektioner, rätta prov och allt efterarbete. Lägga tid på ämne jag undervisar i. Jag skäms för att säga det, men jag har inte hunnit göra en ordentlig årsplanering, inte tagit fram en tydlig betygsförklaring, inte flippat klassrummet, inte rättat alla prov. Jag har inte hunnit göra ordentliga förberedelser till lektionerna. Jag känner att jag brister i mitt uppdrag. Jag är orolig för nationella provet, tänk om jag inte lyckats med att ge dem det de behöver. Jag har jobbat tre år som lärare och jag har redan börjat fundera på att sluta. Snälla, se till att man måste anställer fler vuxna utbildade till skolan och att vi lärare får mer tid till att göra ämnena spännande och att vi kan vara väl förbereda inför våra lektioner. Som lärare behöver jag en bra relation till mina elever men ofta är det att eleverna behöver en vuxen att prata med som bryr sig om dem. En trygg person som finns där.

//Kaja

23. EN HELT VANLIG DAG ◐◑

VILL MED DETTA BREV GÖRA KLART FÖR ALLA DÄR UTE SOM ANSER ATT SKOLAN AV IDAG FUNGERAR. Hoppas att när ni läst färdigt, får er en tankeställare o börjar bena i detta oerhörda problem.

Min dag börjar runt 6.30 med att gå upp o ha en lugn stund innan barnen ska väckas o stärka mig mentalt på allt tjat o ibland tårar som komma skall. Jag vet att idag har jag möte med skolan kl 11.30 för det ena barnet o kl 14 för det andra. Igår va jag där för det 3:e. Jag har också en telefontid med läkare som ska hinnas med. Kl 7 börjar det.

Det ska tilläggas att alla barnen har samma sjukdom, men den yttrar sig på olika sätt. E ska väckas först då hon har oerhört svårt att vakna o gå upp på morgonen. Hon behöver en timma på sig innan hon tar sig ur sängen oftast. Sedan dax för T. Hon har värk så hon gråter. Hon har också varit rejält mobbad o törs inte gå till skolan. Ingen har tagit tag i detta. Såren är djupa. L vill bara inte gå, för skolan är skit. Klasskamraterna retas o fröken har aldrig tid att hjälpa honom så han förstår, hänger med. Jag springer mellan barnen o tjatar, ber o förklarar att nu måste ni gå upp. Kl 07.45 är två av dem så ledsna. Klarar inte skolan idag. Trötta o värk. Inser att de får vara hemma. Inser med det också, att mötena idag får bokas om. Rektorn blir grinig, men vad ska jag göra. Har inget val. L går till skolan iallafall fall. Kl 10.45 ringer L fröken. Han har ont o vill hem. Har inte kunnat koncentrera sig idag. Orkar inte. Fröken har inte tid över för extra hjälp med L. Han blir lidande. Mentorn för E ringer o klagar att hon inte är i skolan. Ligger efter. Förklarar igen att hon måste få hem arbete o jobba hemma. Inget händer. T har inte gått i skolan på 4 terminer. Hon hade hemundervisning i 3 terminer ca 1-2 timmar, 3 ggr i veckan, men är nu nekad det. Får plugga i ridhuset. T o L har inte nåt målen på flera år. E riskerar att inte kunna söka in på gymnasium p g a dåliga eller inga betyg. Vi har i snitt 2-3 möten med bara skolan i veckan. P g a att inget har hänt så har jag anmält till Skolinspektionen o Diskrimineringsombudsmannen. Jag ber hela tiden om mer resurser för barnen. Allt för att de ska klara skolan. Det enda jag får höra är att det saknas pengar. De kan inte göra mer. Jag som förälder måste ta större ansvar, anser de. Jag är utbildad trädgårdsmästare, men får ta över rektorns roll, specialpedagogens roll, kunna skollagen, förklara o stöta på myndigheter, vara där o ligga steget före alla dessa. Inser att jag tydligen har behörighet för 4 yrkeskategorier, men har inte ens betalt för det jag är utbildad till, då jag inte klarar av ett jobb under dessa förutsättningar. Ingen anställer nån som kommer lite då o då. När skolan är slut o lärarna har tid att prata ägnar jag 2 timmar i telefonen o försöker lösa det för morgondagen. Hur ska jag ordna så barnen orkar. Lärarna LOVAR att de ska hjälpa till. Vad jag redan vet AV ERFARENHET är att till morgonen när jag ringer dem o ber om hjälp så finns ingen där. Jag lämnar åter igen en massa meddelanden som ingen ändå besvarar. Man har åter igen missat VIKTIGA dagar i mina barns liv.

Barn som inget annat vill än att lyckas, som sina kompisar. Vara en i gänget. Men som ni sköter detta har de inte en chans. Antar att ni begriper att barnen o problemen inte försvinner för att ni blundar. Tiden går o problemen blir större O DYRARE. Hoppas att nån snart förstår.

//Vänligen Helena Benjaminsson

24. DAGENS SKOLA ÄR INTE EN SKOLA FÖR ALLA

DET BLEV SVÅRARE OCH SVÅRARE ATT FÅ SONEN ATT GÅ TILL SKOLAN. Han vägrade gå dit, Grät och skrek ut sin skolångest. Till slut lät vi honom få byta skola. Vi valde en som skulle erbjuda tydlig struktur och individuellt arbetssätt. På lektionerna verkade det fungera bra som det ofta gör när han vet vad han skall göra.

På rasterna hade skolan bestämt att alla skulle vara ute hela rasten, i en och en halv timme på en kal, liten skolgård. De förväntades klara sig själva och lösa konflikter själva som en del i skolans arbetssätt. Och, inte heller denna gång försvann hans funktionsnedsättning när det blev rast...

Återigen började kampen om att få honom till skolan och det blev värre och värre . Och vi var hårda. Stenhårda. Hotade med polisen, rektor. Han måste gå dit. Han gömde sig bakom mig och väggarna innan jag lyckades fösa in honom i klassrummet.

Den täta kontakten som vi velat ha med skolan uteblev. Hans behov av individuellt stöd och anpassning av rasten avfärdades med att: här har vi bestämt att alla skall... vara ute hela rasten ...lösa konflikter själva ...må bra av frisk luft osv...

En förälder sökte upp mig och berättade upprört om att hon sett att han blivit retad och sprungit iväg långt från skolan. Personalen hade därefter med våld släpat honom gråtande och skrikande genom skolgården full av barn.

Jag sökte nu rektorn via telefon samt e-post. Jag ville ha möte om det som hänt. Varför hade man inte kontaktat oss? Hur hade man tänkt göra för att det som hänt inte skulle hända igen undrade jag? Jag möttes av tystnad. Jag fortsatte maila , mentor, tillförordnad rektor om att jag ville prata med ansvarig rektor. Fick då till svar att mentor skulle tala med rektor och sedan meddela mig vad som hänt. Då jag fortsatte hävda att jag fortfarande ville ha ett möte fick jag till slut en mängd mail med obegripliga förklaringar som ledde fram till hans rektor inte längre var hans rektor och att rektorn för förskolan nu hade blivit rektor för min son som gick i år 3...

Vi gjorde även en anmälan till Skolinspektionen som ca 1 år senare visade att skolan agerat fel och hade stora brister gällande ledarskap och rutiner för delegering. Skolan och Huvudmannen ansåg dock att man agerat rätt...

Min son var nu hemma från skolan helt och hållet. Han ville byta tillbaka till sin gamla skola. Så blev det.

Det fungerar fortfarande oftast bra på lektionerna när han vet vad han skall göra. Hans funktionsnedsättning har fortfarande inte försvunnit på rasterna.

Vi har påtalat att han behöver stöd av en vuxen vid socialt umgänge, särskilt vid ostrukturerade och svåra situationer.

Vi har begärt ett åtgärdsprogram för detta.

Trots detta är aldrig någon vuxen i närheten när det händer något. Alltid tror pedagogen som borde ha varit där att någon annan var där. Vad som hände innan det blev slagsmål är det aldrig någon vuxen som har sett. Händelsen avslutas alltid med ett samtal om vad eleverna skall göra för att det inte skall hända igen...

I åtgärdsprogrammet står det trots våra uppmaningar inte hur eller vem av personalen skall stötta sonen i dessa situationer. Vilket gör det verkningslöst...

Efter händelser när sonen hamnat i slagsmål får vi föräldrar på denna skola alltid ett samtal hem. Man berättar med långsam och tydlig röst om hur bra dagen var innan det som hände hänt. Man berättar detaljerat om hur man tillrättavisat sonen och berättat hur han skall göra nästa gång. Man har använt denna metod i många år nu. Den har fortfarande inte fungerat...

Vid en händelse fick vi av mentor och rektor veta att vi som föräldrar förväntades köpa nya kläder till en pojke som varit i slagsmål med sonen (när som vanligt ingen vuxen var i närheten). När vi tog reda på vad som hänt hade denne pojke hävdat att vår son spottat på hans kläder. (Skadeståndskravet togs tillbaka efter att vi bad rektor kolla upp vårt ansvar med kommunjuristen)....

Vid en annan händelse blev polisen inkopplad, det slutade med att vi fick ha samtal med barnets förälder samt skriva ett förlåtkort, samt köpa en present till barnet.

Många är de veckor som vi har känt oss tvingade till att ha sonen hemma med vår hemundervisning då vi inte vågar låta honom gå till skolan p g a av att vi inte kan ansvara för det som kan hända när vi inte är där och han utsätts för krav och situationer som han inte klarar av…

Vår son har en diagnos Aspergers syndrom, det som idag kallas Autismspektrumtillstånd (AST). Politiker har beslutat att han skall vara inkluderad i en vanlig skolklass samtidigt som det inte finns någon plan för hur den inkluderingen skall gå till. Personalen som arbetar i skolan har ingen utbildning eller kunskap om AST. Och vår historia är inte unik.

60 % av elever med Aspergers syndrom är s k "hemmasittare" (d v s går inte till skolan p g a av en för svår skolsituation).

Att som förälder ha att välja på att riskera att bli anmäld till polisen om du skickar ditt barn till skolan eller bli anmäld till socialförvalt-ningen om du behåller barnet hemma är verklighet för många av oss föräldrar som har ett barn med AST.

Dagens skola är inte en skola för alla…

Olika funktionsnedsättningar värderas olika

//Trebarnsmamma

25. JAG FICK NOG NÄR SONEN SKREK, HYPERVENTILERADE O SLET AV SIG HÅRET!

SONEN HAR GÅTT PÅ SAMMA SKOLA SEN FÖRSTA KLASS, HAN HAR DIAG-NOSERNA ADHD, AUTISM SAMT ÄR MYCKET LÅGBEGÅVAD. Vid varje utvecklingssamtal meddelar läraren att sonen varken nu el nånsin kommer att nå målen o bli godkänd. Men skolan tycker ändå att han kan sitta hos dem… för att han har kompisar o har kul på raster. Lära-ren har 30 elever ensam, 3 elever har diagnoser men min son behöver mest hjälp. Läraren har dock inte tid att hjälpa honom så han sitter mest o ritar i sin egen värld. I 5½ år orkade sonen gå till skolan men innan sommarlovet i 5an blev han faktiskt utbränd. Varje morgon hade han huvudvärk, magvärk, satt tyst o stirrade rakt fram medan tårarna rann, ville bara sova. Istället för att skolan gav sonen den hjälp han hade rätt till så hotade rektorn med soc-anmälan! Jag svarade att jag icke tolererade att han gjorde det utan krävde istället att skolan skulle göra det de är skyldiga, dvs ge sonen det stöd han behövde! Nästa gång rektorn öppnade munnen sa han att jag handgripligen med tvång skulle ta sonen till skolan… Tyvärr gjorde jag det 1 dagen efter, sonen grät, skrek, hyperventilerade, slet av sig håret, dunkade huvudet i väggen o försökte slita sig loss gång på gång på väg till skolan. Väl framme i skolan skrek jag åt rektorn o frågade om han var nöjd samtidigt som sonen stack o försvann ut på stan. Både jag o läraren har bråkat om att få rätt stöd till sonen men rektorn har sagt nej pga brist på pengar o lokaler. Sonen blev hemmasittare. Efter sommarlovet o sonen började i 6an kom en ny rektor, jag klargjorde väldigt tydligt vad sonen har för behov o hur skolan i 5 år har misslyckats. Hon svarade att hon direkt skulle ansöka om CSI-plats hos utbildningsförvaltningen, jag trodde inte mina öron. Äntligen mötte jag förståelse. CSI beviljade plats åt sonen o vi väntar nu på ledig plats till åk 7. Det finns 4 st!!! CSI-grupper i Stockholm. Sen finns det privata skolor, tex Luna med 300 elever i kö… Det är kö till alla. Alla elever får inte plats utan istället får de gå kvar i sin skola o lida! De får inte ens en resursperson som ser elevens behov o kan anpassa skolsituationen, tex gå undan, förklara fler gånger, ge den tid eleven behöver mm. Hur FAN ska 1 lärare på 30 elever klara av detta?! Nu får det vara nog med denna barnmisshandel! Ge elever det stöd de behöver o har rätt till!!!

//Mamma M

26. BARA LAT?

JAG HAR TVÅ SÖNER SOM BÅDA HAR DYSLEXI. Den äldre fick sin diagnos när han gick i tvåan. Vi flyttade och barnen fick börja i ny skola och då började problemen. Jag fick kämpa för att den äldre skulle få någon hjälp i skolan. När jag tillslut kämpat till mig 20 min hjälptid i engelska för min son, så var det fem barn som delade på den hjälptiden.

Att den yngre sonen hade dyslexi började jag förstå när han gick i trean. Jag frågade hans lärare men fick till svar att han inte hade det. Skolan ville ha det till att min son var lat och ev lågbegåvad. Jag fortsatte be om en dyslexiutredning fram till han gick i nian. Då lyckades vi själva få tag i en kvinna som gjorde utredningar (logoped kunde inte hjälpa mig då de bara gör utredningar som skolan ber om.) När vi satt på möte tillsammans med lärare och rektor och presenterade utredningen sa rektor: Vad händer om vi gör en utredning? Vilken utredning ska vi gå på då? Jag svarade att de fick gärna göra en utredning och att den nog skulle visa samma resultat. Skolan gjorde en utredning som blev klar på vt i nian. Resultatet? Han har dyslexi. Innan skolans utredning blev klar fick min son höra av sin lärare att han minsann inte hade dyslexi. Otroligt kränkande behandling som inte bör förekomma inom skolan. Efter skolans framfart har min yngste son dåligt självförtroende och han vill aldrig mer gå i skolan. Och nej, han är inte lågbegåvad. Han får max poäng på Mensas provtest.

//Besvikna mamman

27. MAMMANS HISTORIA

JAG VILL INTE STÖTA MIG MED NÅGON. Jag är mamma till Joel 13 år, killen med ADD och dyslexi, killen med 7 andra syskon varav två yngre med Autism och utvecklingsstörning.

Hur ska jag förklara utan att nedvärdera mina älskade och mirakulöst enastående barn? För jag är lärare, läraren som ska i samma andetag försvara en skola där pedagogerna inte har en susning om vad det innebär att undervisa elever med neuropsykiatriska funktionsnedsättningar, samtidigt som jag som mamma ensam och alltid måste kämpa för mina barn, mot kolossen jag själv jobbar för: jätten skolan.

Jag väljer alltid, och kommer alltid att göra, mina barn.

Jag kommer att bli rektor framöver. Det har alltid, sedan studietiden, varit mitt mål. Varför? Jo, jag vill förändra. Jag vill verka. Jag vill utveckla kolossen skolan.

Jag har läst och läst. Ledarskap och organisationsutveckling hit och specialpedagogik dit. Skaffat mig arbetslivserfarenhet i området

"Se barnets individuella intelligens och ge medel för anpassning av varje elev, utbilda pedagoger och rektorer i NPF, höj statusen på läraryrket. Fridolin, don't go with the flow. Våga utmana och förändra. På riktigt."

men vad ser jag? Att kolossen Skolan ser ut som när jag gick i den på 80-talet, att jätten dom då klappat sig förnöjt på magen samtidigt med ett samhälle runtomkring som accepterande sett på hur kolossen valt att inte se hur världen blivit snabbare, mindre och förändrad.

Min Joel har bytt skola fyra gånger. Han går i årskurs sju nu. Varför? Jo, för att skolan inte anpassat sig efter hans ångest för stora folksamlingar, hans sensitivitet som lett till övertrötthet och depressioner, hans annorlundahet. Han är en av de runda förmågorna som ska passas in i den kubiska, normala verkligheten. Han var ett av de högintelligenta barnen som varken platsar i vanlig skola eller i särskola. Hän hamnade nyligen i resursskola där Joel trivs bra. Skönt för mig som mamma, bärare av sonens ångest. Men som pedagog ser jag resursskolans "misslyckandehetsstämpel" i min kommun. Hur politiker, skolledare, ja till och med de pedagoger som jobbar där rycks med i den kollektiva stämplingen.

Hur ska dessa elever kunna lyckas då?

Se barnets individuella intelligens och ge medel för anpassning av varje elev, utbilda pedagoger och rektorer i NPF, höj statusen på läraryrket. Fridolin, don't go with the flow. Våga utmana och förändra. På riktigt.

//Johanna

28. VI KAN INTE JOBBA SOM NORMALA FÖRÄLDRAR

VÅR 9-ÅRIGA SON SOM PÅ PAPPRET GÅR I TREAN GÅR EXTREMT SPORA-DISKT OCH VISTAS MYCKET FÅ TIMMAR I SKOLAN. Han har "högfungerande" Autism, och fungerar jättebra i flera situationer och har många speciella talanger. Han lär sig snabbt, kommer enorma mängder detaljer och fakta, läser flytande, är grymt bra på engelska och är otroligt vass på att konstruera byggnader i Minecraft och med lego tex. När han är trygg fungerar han också relativt bra, om än lite annorlunda, socialt. I den bästa av världar skulle han få möjlighet att utveckla dessa förmågor och skulle då tex kunna bli ingenjör eller arkitekt om han ville det när han blir stor. Det är bara ett krux. Vår son fungerar inte alls i skolans miljö. Att sitta i ett klassrum med 26 andra elever, att vara ute på rast, att vistas i högljudda korridorer, matsal och gymnastiksal, är exempel på situationer när allt blir kaos för honom. För ett år sedan började vår son totalvägra att gå till skolan och då började helvetet.

Jag och min man jobbar därför tillsammans väldigt lite och på ovanliga tider. Jag arbetar ca 40 % och han ca 50 %. Vi jobbar kvällar, helger och vissa dagar arbetar någon av oss dagtid. Någon av oss måste vara hemma hela tiden, dygnet runt. Vi gör så för att vi skall kunna behålla de jobb vi har, det går liksom inte att vabba eller sjukskriva sig 2 av 4 veckor året runt. Någon måste få iväg sonen på morgonen och det är inte bara att gå. En 9-åring som annars är världens lugnaste men som på morgonen outtröttligt skriker, sparkar och klamrar sig fast i möblerna, är det inte bara att ta över axeln och lyfta till skolan. Att gå på möten med elevhälsoteam, BUP och Habilitering tar mycket tid, och det är alltid dagtid. Vi gör så för att orka, och för att vår familj inte ska trasas sönder. Vi har inget alternativ.

Det senaste halvåret har vi slutat att försöka släpa iväg vår son till en skola som inte är anpassad för honom. Vi har hemundervisat istället, för att låta hela familjen läka och för att ge vår son en chans att nå läroplanens mål. Det har fungerat väldigt bra, han har tom haft energi över på eftermiddagarna. Hade vi bott i Finland, England, USA, eller i vilket annat land som helst förutom Sverige eller Tyskland, hade vi kunnat få fortsätta så här om vår son hade mått bäst av det. I Sverige är dock hemundervisning otillåten och alla barn SKALL vistas i skolan oavsett hur eleverna mår när de är där. För vems skull? Är det inte meningen att barnen skall lära sig mer i skolan än de gör hemma, att de ska få möjlighet att växa och må bra?

Efter ett års misslyckande har vår son äntligen fått en assistent som skall vara med honom den tid han vistas i skolan. Målet är att han ska kunna gå 1,5 timme om dagen i skolan på sikt längre än så. Det måste fungera, för i vår kommun finns det inga resursskolor och vi har inte hittat någon skola som vi tror är bättre. Vi har egentligen inget annat alternativ. Förutom att flytta till en annan kommun eller till ett annat land. När allt vi bara vill ha är bara ett normalt liv med en fungerande vardag.

//Another fighting spririt

29. MITT BARNS FRAMTID HÄNGER PÅ MIG!

MIN SON ÄR NORMALBEGÅVAD MED ASPERGERS. Sen han var liten har vi på olika sätt försökt få assistent till honom i skolan, men utan lycka. Nu går han i 7 klass och kommer att få underkänt (F) i så många som 5 ämnen. Han är jätteduktig i alla kärnämnen. Problemen ligger i de ämnen som är otydliga som bild, musik, hemkunskap, slöjd och gymnastik där han behöver stöd som han inte får. Känner att snart är det panik, han kommer inte att bli godkänd att börja på gymnasiet.

Och allt som behövs för att han ska få betyg i alla ämnen är en assistent/vuxenstöd men det får han inte.

//Fatima

30. MIN DOTTER FICK KOMPLIKATIONER EFTER EN HJÄRNTUMÖR!

MIN DOTTER FICK 2008 EN HJÄRNTUMÖR. Efter operation och strålning samt cytostatika fick hon många komplikationer. Hon har gråstarr, minnesproblem, balansproblem, inlärningssvårigheter måste äta mediciner resten av livet samt en enorm hjärntrötthet. Skolan är ett helvete för henne. Från årskurs 4-7:an har hon lärt sig att sitta och vänta på skoltaxin. Hon behöver assistent men det finns inga pengar till det, hon behöver mycket stöd och hjälp men det får hon inte för lärarna förstår inte hennes problem (fast de har fått så otroligt mycket information om hur de ska undervisa henne). Hon ska behöva utelämna hela sitt liv om och om igen men ingen hjälp finns att få. Hon får dagligen höra kommentarer från vuxna tex du är så lat är du dum i huvudet mm. Lärare som säger jag är lärare för friska barn inte sjuka. Jag (mamma) har sett och hört hur lärarna bemöter min dotter och när man tar upp detta med rektorn så är svaret så kan det inte vara. Lärare som bryter ihop och bara klagar på eleverna. Min dotter har fått gå om 2 ggr nu är det så de ska se ut för henne resten av tiden? Hon får hela tiden höra att hon aldrig kommer kunna gå på gymnasiet för hon har så dåliga betyg, men det konstiga är att ämnen som hon inte har haft har hon fått c betyg i!? Man börjar ju fundera vad skolan håller på med. Har kontaktat enhetschefen för grundskolan som lovade att ta tag i detta men han försvann tydligen. Min dotter skulle kunna få rätt stöd och hjälp i en skola i en annan kommun men återigen är det pengarna som styr. Har anmält detta till Skolinspektionen får se om det händer något. Min dotter fick en hjärntumör hon kan inte rå för det. Men den som blir straffad,kränkt av vuxna dagligen det är hon. Hon fick höra av en rektor att hon drog ner snittbetygen på sin skola så hon var inte välkommen där utan hon fick byta skola. DETTA ÄR VERKLIGHETEN !!!!

//Pernilla (mamma)

31. SKOLAN SOM INTE VAR FÖR ALLA

MIN SON GICK 6 ÅR I KOMMUNAL SKOLA. 2 gånger fick han byta. Min son har ADHD och vi har valt att inte medicinera utan att jobba med rätt bemötande, detta blev vi ifrågasatta alla år. En fröken slog sonen på fingrarna och sa att han jobbade som en snigel, då var han 8 år…

I slutet av sexan var det ohållbart, han hade då knappt kunnat vara i skolan pga de skickade hem honom utan att meddela oss föräldrar, lämnade honom i ett annat samhälle utan pengar och möjlighet att ta sig hem. Listan kan göras lång… Det slutade med att vi bytte till en friskola där det äntligen fungerar, en Waldorfskola. Jag anmälde skolan till Skolinspektionen och fick rätt på alla punkter, men min son fick inte ens en ursäkt. Trots min anmälan vet jag att det fortsatt i liknande anda för andra barn med NPF på skolan.

Sonen var 13 när han bytte skola. Det fungerar numer hjälpligt, men han har förlorat många år i kommunala skolan. Jag har förlorat åtskilliga löner när jag varit tvingad att åka till skolan och reda ut konflikter som de skulle tagit hand om. Min sons självkänsla är för alltid skadad trots att jag kämpar med att lyfta fram alla hans styrkor. Dagens skola är orättvis, för om du inte har all ork, allt arbetsminne och all lugn i kroppen som de flesta andra, då har du ingen chans…

//Stolt NPF-mamma

"Först och främst skulle alla, alla, oavsett tidigare kunskaper eller utvecklingsnivå klippa ut och klistra in bokstäver... Hen tröttnade ganska omgående. Under-stimulerad och uttråkad blev det lätt att spela klassens clown."

32. MAMMA

HEN BÖRJADE FÖRSKOLEKLASS MED STOR IVER. Hen kunde redan läsa och skriva, hen var nyfiken, glad och vetgirig. Äntligen skulle hen få lära sig mer om länder, flaggor, djur... Det gick sådär.

Först och främst skulle alla, alla, oavsett tidigare kunskaper eller utvecklingsnivå klippa ut och klistra in bokstäver... Hen tröttnade ganska omgående. Understimulerad och uttråkad blev det lätt att spela klassens clown.

När sedan klasskonstellationen ändrades och nya elever kom till i åk två blev det ännu värre. Bråk och trams i klassrummet. Handfallna, hjälplösa lärare.

Skolvägran i åk tre och fyra. Byte av skola i åk fem. Enorm frånvaro pga felaktigt bemötande. Underkända betyg.

Hen går nu i åk åtta, fortfarande massor av frånvaro, ingenting är roligt eller utmanande, ingen att vara med på rasterna...

Ingen röd tråd genom undervisningen, ingen förankring i verkligheten, ingen meningsfullhet eller känsla av sammanhang.

Att kunna räkna, skriva, läsa, ha kännedom om vissa historiska händelser, länder och statsskick, ha kunskap om djur och natur, vanlig allmän allmänbildning räcker inte längre. När man dessutom måste kunna analysera, diskutera och värdera kunskaperna faller många. Många som på intet sätt är obegåvade, utan bara har ett lite annorlunda sätt att tänka och ta till sig kunskap.

De blir underkända pga detta. Jag skulle så gärna vilja ha tillbaka den vetgiriga, glada och nyfikna sexåringen...

//Anonym

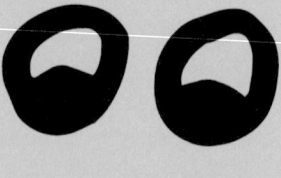

33. POJKEN SOM FICK HJÄLP TIDIGT I SKOLAN

UNDER MIN SONS UPPVÄXT HADE JAG EN MAGKÄNSLA AV ATT MIN SON SKILJDE SIG EN DEL FRÅN ANDRA BARN. Men det dök det aldrig upp några stora misstankar kring att han skulle ha speciella svårigheter eftersom jag fick höra av min läkare att det var normalt att vara helt slutkörd som småbarnsförälder och han fick alltid högsta betyg på BVC. Han var ju bara mer aktiv än de andra, mer kreativ, språkligt begåvad, vägrade somna på kvällarna och röjde när vi var på fester eller i större sammanhang. En riktigt alfahane. Han stormtrivdes på sin I Ur & Skur förskola och var ute i naturen året runt. Det enda jag och personalen reagerade på var att han kunde glömma bort sig i leken och glömma bort sina egna behov, att han var orädd och bufflig mot större killar, plötsligt vägrade äta grönsaker och frukt, väldigt känslig för vissa sagor och hade lite svårt för att ta instruktioner i grupp. Men det skulle växa bort, i övrigt var han väldigt kärleksfull, glad, kreativ, energifylld och omtyckt av kamrater och vuxna. "Det kommer bli något stort av honom!" fick vi ofta höra.

Så började han i Förskoleklass och livet förändrades. Han klarade av skolan helt okej men vägrade lyssna på fröken ibland, gömde sig under bänken, bråkade med sina kamrater, fick raseriutbrott och tog väldigt illa vid sig av förändringar och orättvisor. På simskolan vägrade han lyssna på ledaren och gjorde som han själv ville.

Vi föräldrar engagerade oss såklart och försökte "uppfostra" honom ännu mer. Under vårterminen eskalerade det och han blev t o m

> *"Min son har turen att få världens bästa lärare i ettan. Som ser min kamp och till slut talar om för mig att jag kan gå hem och vila, för när han är på skolan är det de som ser till att han har det bra. Det är deras uppgift."*

våldsam mot en lärare. Fröken visste inte riktigt hur hon skulle ta hand om honom. Då tog jag ett viktig samtal med en vän som jobbar med NPF-barn och förstod att hennes beskrivningar stämde mycket väl överens på min son.

Ettan började och mycket rasade för min son, han kände sig plötsligt alldeles ensam, ingen ville leka med honom p g a hans bete-ende, han hade svårt att sitta still i klassrummet och att koncentrera sig på uppgifterna. Han fick inte gå kvar på scouterna ifall inte en av oss föräldrar konstant var med. På utvecklingssamtalet klättrade min son omkring på möblerna och i våra knän, pillade på allt han såg och ville inte svara på frågorna. Han ville bara där ifrån. Ilskeutbrotten fortsatte och vi inledde ett samarbete med BUP Funk och skolan. Det tuffaste var att få höra från en 7-åring att han inte ville gå till skolan och att han var så ledsen för att ingen ville leka med honom. För mig var skolan det bästa jag visste när jag var liten så jag förstod ingenting. Att ens barn är socialt utstött river hål på ens hjärta och jag kände sådan vanmakt när jag inte kunde göra något åt saken. Jag försökte ta reda på så mycket jag kunde på nätet och läste ihjäl mig om olika metoder och teorier, men ändå kändes det som att jag famlade i mörkret. Jag var dessutom inte där i skolan när det skedde, bland hans kompisar och kunde påverka. För mig inleddes en kamp för att hjälpa honom, för att få hans pappa att förstå och för att få skolan att ta det på allvar. En kamp som tyvärr ledde till att jag själv blev utbränd.

Men här sker något fantastiskt. Min son har turen att få världens bästa lärare i ettan. Som ser min kamp och till slut talar om för mig att jag kan gå hem och vila, för när han är på skolan är det de som ser till att han har det bra. Det är deras uppgift. De ser till att min son får mycket stöd av en resurs, de ger honom specialregler i klassrummet, de anpassar hans inlärning och de bemöter honom med positiv förstärkning hela tiden. Behöver han ta pauser så får han sitta på en matta och läsa serietidningar. De stöttar mig i att även få det att fungera bättre på fritids där struktur och ordning är mindre. När han börjar tvåan beslutar lärarna och rektor att han ska få ha samma resurs på heltid fastän de fått avslag på pengar från kommunen. För de har sett hur bra det har gått för honom med en resurs, hur mycket lugnare han blivit, vilket fint samarbete de har och vilka resultat det har gett både socialt och kunskapsmässigt på bara en termin. På ytterligare tre månader sker stora framsteg. Vid senaste utvecklingssamtalet sitter min son still på stolen hela tiden och svarar lite blygt på lärarnas frågor. Vi vuxna var stumma av förvåning och mycket stolta. Min son är nu 8 år och han börjar tycka det är okej att vara i skolan, han är smart och börjar förstå varför man lär sig saker och han blir mer och mer självständig. Han använder sina pedagogiska metoder för att lära sin lillasyster saker och kommer sjungandes till skolan. Jag får konstant förklara nya sociala situationer för honom men skolans rutiner sitter som en smäck.

Tro det eller ej, men vi väntar fortfarande på en riktig utredning. För utredningen som antydde ADHD och autistiska drag gjorde vi för ett år sedan och sen har det varit kö. Trots detta satsar min sons kommunala skola på honom, det är en gudagåva för oss och jag känner en enorm tacksamhet. Jag läser många andra berättelser om barn som far illa och som inte får något stöd. Det är inte klokt, ska ett barns framtid handla om tur eller är det en rättighet? Jag har en positiv tro på framtiden och vet att det kommer ordna sig för min son. Men på hans och andra skolor finns det många barn som också behöver extra stöd. Som behöver resurser bekostade av kommunen och inte skolorna. Så att klassrummen blir lugnare, kunskapsmålen uppnådda, men framförallt så att alla vackra barns potential blir omhändertagen och kultiverad så att vårt samhälle kan blomstra ännu mer!

//Mamman som tror på förbättring!

34. FLICKA 7 ÅR

MIN TJEJ HAR ASPERGERS OCH ETT ÅR AV MARDRÖM I FÖRSKOLEKLASS VAR HON TVUNGEN ATT GENOMLIDA. Skolpersonal utan kompetens och pengar. Rektor i friskola som ständigt sa – då kanske inte den här skolan är rätt skola för er... Men min flicka hade kompisar så hon ville gå kvar. Skolan har inga pengar sa rektorn. Skolan fick inga tilläggs-belopp från kommunen... Sa rektorn. 54 barn var inskrivna i förskole-klassen! 54 barn suckade... lärarna med munkavel...

Min flicka blev inburen i ett rum med våld flera gånger när vi upptäckte blåmärken hotade vi med polisanmälan och media. Nu går hon i åk 1. Fortfarande inget tilläggsbelopp.... Rektorn säger... Inte för att jag vill att ni ska känna skuld men det här problemet förstör för hela skolan och alla elever blir lidande.... Rektorn säger kan du skriva brev till kommunen? Jag skriver brev, springer på BUP, går på Habi-litering, sjukgymnastik, ortopeden kanske behöver min flicka också operera fötterna? Jag vabbar vabbar och vabbar. Jag har knappt nån inkomst längre den är halverad. Tack och lov fick jag halvt vårdbi-drag för jag tillhör kategorin som kan formulera mig. Jag vet andra i samma sits som inte fick nåt alls. Jag klagar inte jag biter ihop jag reser mig! Min man säger: det hjälper inte att bråka man måste vara smartare än så. Skolan vinner alltid och vill dom inte ha problembarn så hittar dom ett sätt att slippa dom! Jag vet att han har rätt...

//Anonym

35. ALDRIG PERSONAL

JAG HAR ARBETAT PÅ FÖRSKOLA I FLERA ÅR PÅ FLERA OLIKA SKOLOR. Förra året arbetade jag med en underbar liten pojke med flera funk-tionshinder. Denna kille hade resurs på heltid och vi var då med resursen inräknad fyra pedagoger på nitton barn. Dock var resursen i fråga borta mycket i sjukdom och vab, och det låg då på oss andra att försöka ge barnet en bra dag. Vi fick i dessa lägen aldrig vikarie. Med andra ord så var vi två ordinarie på arton barn, då en av oss var upptagen med resursbarnet som många gånger inte ville vara bland andra barn. Jag älskade att vara med denna pojke, men vi fick varken hjälp eller stöd, information eller utbildning till att kunna ta hand om honom på bästa sätt. Faktum var att många timmar spenderades framför iPaden eller datorn för att lugna ner en frustrerad och ledsen kille som inte fick den hjälp och stimulans han behövde. Vi som pedagoger blev ledsna och frustrerade vi också, dels för hans situation men också för våran egen, två pedagoger på arton barn är ingen picknick.

Idag har pojken börjat i särskola. Vi har hälsat på och ser att hans utveckling tagit språng. Jag saknar honom mycket men är så glad att han fått hjälp. Vi kunde nämligen inte ge honom den.

Idag arbetar jag i en annan barngrupp, med lika många barn och vuxna då vi även nu har ett barn i behov av stöd, nu grövre ADHD. Som resurs har vi fått olika dagsvikarier. Ingen av oss andra har fått praktisk utbildning i hur vi ska hjälpa detta barn. När någon är borta brottas vi åter igen med att inte få vikarie.

Min vädjan till Fridolin är att satsa på att utbilda fler resurser. Självklart är vi pålästa allihop, men teoretisk info om olika funktionshinder räcker inte. Min vädjan blir att alltid ha en budget som tillåter att vi alltid har tillräckligt med folk för det är enligt min erfarenhet ALLTID dessa barn som faller mellan stolarna när vi som vuxna är sjuka, ihjälstressade eller utbrända. Det ser inte jag som ett land i världsklass direkt...

Tack för mig.

//Anonym

36. REKTORN SA, DET FINNS INGEN SKOLA I STOCKHOLM SOM KLARAR AV DIN SON

MIN SON FICK SÄRSKILT STÖD REDAN UNDER FÖRSKOLETIDEN. Inför skolstart informerades skolan om behovet av stöd och att vi misstänkte ev neuropsykiatrisk diagnos och att vi väntade på en utredning via BUP. Under de 3 år som sen följde bytte skolan strategi, handlingsplan, stödperson, utbildningsansvarig/lärare o lokal för vår son MINST varje termin och mot allt bättre vetande så gick vi motvilligt (vi hade inget annat val) med på alla nya tillfälliga lösningar i tron att skolan ÄNDÅ visste bäst, att DE var experterna.

De tog honom ur sin klass i årskurs 1 för enskild undervisning han blev exkluderad i 2 år från ämnen som gymnastik o musik hans resurs fanns endast under skoltid ej efter kl 12 då fritidspersonalen (som redan hade 74 barn på 4 personal)skulle ge honom det stöd o hjälp han behövde. Pga att han inte fick det stöd o den hjälp han behövde pga av sin ADHD utvecklade han en aggressiv beteende-störning enl utredande psykolog och läget vart mer o mer ohållbart.

Då vi började ifrågasätta och motsätta oss till att vår son blev hemskickad 2–3 dagar i veckan o även blev exkluderad från gemen-samma aktiviteter i skolan som luciafirande, föräldrakonserter, utflykter mm, då gjorde skolan orosanmälan till socialtjänsten för att vi motsatte oss samarbetet om vår son. Vår son placerades då i ett gammalt vaktmästarkontor tillsammans m en äldre elev i årskurs 4 som rymde iväg ett antal ggr med vår 8-årige son o åkte t- bana m vår son i 4 timmar o lärde honom hur man var tuff om man snattade.

Under 2 års tid stod vi i kö o väntade på förflyttning och vi föräld-rar försökte hitta skolor på eget bevåg men INGEN instans kunde hjälpa till då de inte fick "rekommendera" nån skola... Rektorns svar på varför det inte hände något var att det inte fanns någon skola inom Stockholms stad som kunde klara av honom! Till slut hittade vi själva en behandl.terapiskola som vi lyckades få en plats till vår son. Pedagogerna på denna skola har på två månader (!) lyckats med det som den "vanliga" skolan inte lyckades med på 3 år...

Han kan nu läsa!!! Hans aggressiva beteende har minimerats och han lär sig sätt att hantera konflikter o motgångar ... han har mycket att ta igen då han totalt missat all inlärning o kunskap under de 3 första åren men vi ser ljust på framtiden så länge han är där han är

Skollagen MÅSTE ändras. Man kan inte stöpa alla i samma form o sortera bort de som inte är som den stora massan och på detta sätt beröva dessa barn deras rätt till en utbildning som alla andra

//Arga, trötta ständigt kämpande
föräldrar till ett barn med ADHD

37. HAN NÅR FORTFARANDE INTE MÅLEN.

MIN SON GÅR I FYRAN. Han har aldrig nått målen. Under hela trean blev ingen skoluppgift färdig – ingen. Min son har ADHD och DCD. Alla lärare är överens. Han behöver en egen extra resurs. Rektor ser behovet även hon – men hon kan inte trolla fram resurser (pengar) säger hon. Min son trivs inte i skolan och har aldrig gjort. I perioder är ångesten över att gå till skolan så stor så att han säger att han vill ta livet av sig – han gråter och slår sönder sina saker i ren frustration.

 –Det är lika bra jag dör, för då slipper jag förstöra för alla, jag är ändå bara i vägen! Att en pojke på 10 år ska känna så p g a en skola, en skola med krav som han inte klarar av, en skola som han måste anpassa sig till är så fruktansvärt. Det är en daglig kamp som pågått i många år och som inte är slut på långa vägar. Men jag kommer aldrig sluta slåss för mitt barn.

//Matilda

38. BRA MEN INTE BRA LÄNGRE

NÄR JAG SKULLE GÅ VIDARE FRÅN DEN LÅG- OCH- MELLANSTADIESKOLA JAG GICK PÅ FRAM TILL ÅRET JAG FYLLDE TRETTON upp till högstadiet så ringde mamma runt till lite olika skolor för att gå igenom alternativen som fanns. En av de hon pratade med var från en friskola utanför stan och mamma pratade på om mig. I början verkade det som att allt gick bara bra men så nämnde mamma att jag har Aspergers och ADHD. Då stängdes skolans dörrar för mig på ett ögonblick. De tog inte emot barn som har diagnoser.

//Linnéa

39. ATT FALLA FRITT I ETT VÄLFÄRDSLAND

JAG UNDRAR HUR I HELA VÄRLDEN MAN FÅR HJÄLP MED ATT SJUKSKRIVA ETT MYCKET STRESSJUKT BARN SOM TROTS RÄTT PLACERING I SPECIAL-KLASS fick för svår start p g a brister i överlämningen mellan rektor och lärare,och en socialtjänst som vägrat samverka sedan längre tid. Ingen vill ta på sej sjukskrivningen, trots att skola och specialpedagog sett att dottern ej förmår fungera tidiga mornar då sömnstörningarna blivit så stora p g a utmattning och depp.

Socialtjänsten gav inte dottern en chans att hinna med sitt senaste åtgärdsprogram, utan söker nu LVU och vill skicka iväg henne till ett ställe dottern mycket starkt sagt ifrån om...Hon har sällan klarat sova borta ,och äter oxå sällan borta p g a anknytningsproblem och ångest som man ej kunnat förstå hur att bemöta på hemmaplan.

Det erkänns nu att de senaste åren har kommunen misslyckats hjälpa henne att bygga trygga kontakter och ge rätt stöd. Fast nu vill man alltså inte ens ge möjligheterna på rätta stället. Trots att samma hjälp som boendeskolan erbjuder nu finns tillhands,fast på hemma-plan... Dessutom tänker man sej att hon ska klara av att resa hem emellanåt,för att sen åka tbx... Då pratar vi en tjej med posttrauma-tisk stress med svår separationsångest som nu åter är överansträngd av de senaste buden... Hon säger själv att hon ej kommer orka att ens leva... Och det är inget hot,utan ett konstaterande.

Hur ska en ung människa som fallit helt emellan systemen och farit så illa av att inte ha ngn trygg långsiktig planering och inarbetad samhörighet orka finna sej i att "lära sej äta i matsal", "lära sej sova självständigt", "lära sej PRATA i samtal "med personal hon ej ens vill höra talas om"... När det är alla sårbarheter hon har i sin funktion. Att inte kunna ha koll på sina djur. Inte få ha sina vana referensramar omkring sej. Hur menar man att en utmattad person ska fixa denna omställning ? Och inte ens ha ett sjukintyg i botten. Hon är så hjärn-trött nu. Och förvirrad. Samt hamnar i stressaffekt vid minsta krav på prestation. Skolan undrar alltså varför hon inte sjukskrivs... Och jag får till svar att så gör man inte. HABs specialpedagog sa till mej senast ikväll,att "sjukskriva en elev gör nog ingen kommun så där". Och man fnyser åt "hjärntrötthet". Vilken planet är jag på egentligen?

//Mamma till en tjej inom Autismspektrat

40. EN LÄRARES PERSPEKTIV

I MIN FÖRRA KLASS HADE JAG TRE ELEVER MED DIAGNOS INOM AUTISM-
SPEKTRUM, EN MED ADHD, EN MED SPRÅKSTÖRNING OCH DÄRTILL
YTTERLIGARE FEM ELEVER SOM BEHÖVDE EXTRA STÖD P G A SVÅRA HEM-
FÖRHÅLLANDEN. En klass på 22 elever är ren lyx i dagens skola. Men
när 10 av dem har åtgärdsprogram är det ändå en omöjlig uppgift för
en lärare, även fast jag fick hjälp av en fritidspedagog under flertalet
lektioner.

Då jag började arbeta med den här klassen hade deras två tidigare
lärare blivit utbrända. I början var det omöjligt att ha en lektion.
Klassrummet var fylld av hårda ord, hårda föremål som flög genom
luften eller hårda slag och sparkar. Jag grät efter jobbet varje dag.
Men jag var fast besluten att ge så mycket av mig själv att gruppen
skulle känna att de fick tillräckligt med kärlek och energi för att orka.

Sakta men säkert förändrades det. Jag fick en fantastisk relation
med alla barn. Och de fick en fantastisk relation med varandra. Jag
är så stolt över vartenda barn jag hade, de utvecklades alla så enormt
mycket. Ändå gick det inte en enda dag utan bråk. För några av
barnen hade behövt någon som var med dem – hela tiden.

Jag vill så gärna kalla min berättelse en solskenshistoria. För det
är den mest fantastiska grupp jag någonsin har haft, med så många
olika personligheter, med så stor utveckling och så mycket gemen-
skap. Men jag kan ändå inte riktigt göra det.

Delvis för att jag som lärare har blivit sparkad, slagen och spottad
på alldeles för många gånger. För att jag har ägnat för mycket tid åt
att springa efter elever som i sin frustration drar från skolan. För att
jag har arbetat alldeles för många gratistimmar för att få ihop den
individualiserade undervisningen som krävdes.

Delvis för att jag vet att trots att jag la ner all min tid och energi på
barnen kommer många av dem inte att nå målen.

Jag klarade av att ge barnen en glädjefylld skolgång, där alla blev
sedda och uppskattade för de olika personer de var. Men jag klarade
inte av mitt uppdrag att se till att alla når kunskapskraven. Det fanns
aldrig en chans att jag skulle kunna klara det.

Gustav Fridolin, jag hoppas så innerligt att du förändrar lärarnas
och barnens situation. Vi lärare brinner för vårt uppdrag och vill
givetvis inget hellre än att göra det med bravur. Och då behöver

vi resurser. Skapa möjligheter för att vi lärare ska kunna sköta vårt arbete. Skapa möjligheter för barnen Gustav. Jag röstade på dig. Jag tror på dig. Jag räknar med dig.

//Sandra

41. FRÅGA BARNEN OM DOM VILL INKLUDERAS!

NÄR LEO BÖRJADE KLASS 2 SÅ BRAKA HAN IHOP, ÅNGESTEN SVEPTE ÖVER HONOM , DEPRESSION KOM. Dagarna var fyllda av gråt, frustration och förtvivlan han klara inte alls att gå till skolan. I 6 mån låg Leo varje kväll med en ångest där han skrek i skräck och förtvivlan för kraven som ställdes på Leo var en omöjlighet för honom att klara av. Skolan förstod ingenting och ingen ville lyssna.

Leo har Autism och har utvecklat diagnosen social fobi, han klarar inte av när de blir många, ljudnivån, stå i kö, idrotten , leka ute på rasten, möta kaoset i korridorer, vanlig pedagogik. Kaoset i klassrum, inte veta vad som ska hända jag listan blir lång. Och allt det ska barn klara av i vanlig skola, hur ska det vara möjligt för Leo att göra det??? Det är som att säga åt en blind att läsa eller att säga åt en förlamad att gå.

Att ha barn med diagnoser i vanlig skola får inte dom att känna sig som en i gänget... Tvärtom, det får dom att bli annorlunda. Att säga att barn ska inkluderas är människor utan kunskap, fråga barnen om dom vill inkluderas! Våra barn har en kamp i sin vardag, en kamp i sitt liv, ska dom inte få känna sig att dom är en i gänget? Att dom inte är annorlunda? Att de är fler barn som har de samma? Att få känna sig duktiga och känna att dom lyckas! Utöka skolor för barn med diagnoser kommer att få dom att känna sig så. Dom ska kunna bli vuxna och ha en bra grund att stå på, en förståelse från samhället. Att vara en del av samhället men på sitt sett och sina villkor.

Att utöka skolor för barn med diagnoser kommer att kunna ge dom det, istället för deprimerade ångestfyllda människor med en känsla av ingen mening i livet. Leo går idag i en mindre skola, han har en resurs på heltid och sitter i en grupp med 2 andra barn, det har inte varit en enda dag sen vi bytte skola som Leo har sagt att han inte vill gå till skolan.

//Sofia Åberg

42. 6-ÅRINGEN

MIN SON BÖRJADE FÖRSKOLEKLASS NU I HÖST. Han är i sluttampen
av en utredning för Autism, selektiv mutism och språkstörning.
Konstaterat lågbegåvad. Innan han började skolan så lovade rektor o
lärare att han skulle få de stöd han så väl behöver, specialpedagog o
lärare från förskolan var med på överlämningen o berättade om hans
svårigheter o vad han behöver hjälp o stöd med. Nu är det november
och inget har hänt alls.

Han sitter i klassen på morgonen o håller för sina små öron. Han
har jättesvårt för övergångar o rutinändringar o behöver bli förberedd
o få veta före sina klasskamrater. Han skulle få ett eget schema för
att kunna få lite struktur på dagen själv men istället har inte ens
klassens lärare anamat schemat de har på tavlan.

Han skulle få stöd i kamratrelationerna och få jobba i små grupper.
De är aldrig mindre än 20 barn tillsammans o inte att tänka på några
grupper då de två lärarna har så mkt annat att göra. Eftersom han
inte pratar med lärarna så blir han osynlig o finns nästan inte. När
man frågat hur dagen varit kan inte lärarna svara på det för att han
inte synts till. De säger också att eftersom han är så lugn o tyst å
"snäll" så kan ju inte han ha en diagnos (alla måste tydligen vara
utåtagerande för att ha en diagnos enligt hans lärare).

Allt detta har medfört att han endast 6 år gammal absolut inte vill
gå på skolan o redan känner sig annorlunda. Jag har krigat men de
avfärdar mig med att han inte är utåtagerande å därmed inte behö-
ver samma stöd som en med ADHD t ex.

Han är helt slut när han kommer hem på dagarna o isolerar sig i
sin egen lilla bubbla allt mer o mer. Får ont i magen, om det är såhär
nu, i förskoleklass, hur kommer de bli i 1:an?! Skulle önska att alla
lärare var tvungna att läsa om NPF-diagnoser o inte bara fokuserar
på ADHD o de som är utåtagerande, då min son är långt ifrån det.
Han behöver bli sedd för den han är, inåtvänd, tyst försynt o inte
vågar ta plats, o få hjälp med dessa bitar, nu innan det är försent o
han tappat hoppet totalt!

//6-åringens mamma

43. TILL MIN ÄLSKADE SON

Det är tårar i brödet jag bakar,
det är suckar i dammet som flyr.
I min mage växer en oro
vad bär dagen, den dagen som gryr.

Mitt älskade barn, du lider
det är så mycket som är svårt.
Du vill så gärna leva,
men livet du möter är hårt.

Jag vill var ditt stöd och din hjälp,
vara stark och kunna förstå,
men inte ens jag räcker till
och vet hur vägarna gå.

Men, min kärlek har du alltid
och jag vill att ditt liv ska bli
glatt och ljust och härligt,
där du får vara glad och fri!

//Anna, mamma till Axel
som har diagnoserna
Aspergers syndrom och ADHD

44. AVGIFTSFRI SKOLA — FINNS INTE!

MIN DOTTER 12 ÅR FICK EN IPAD I SKOLAN VID TERMINENS SKOLSTART.
Alla som går i åk. 6 får detta. Problemet är att i samband med att
iPads lämnas ut, ställs det mer krav på föräldrarna:
* Att uppdatera iPads hemma och inte i skolan – det kostar
  pengar, wifi är inte gratis!

Alla har inte heller samma förutsättningar

Att skolan skall anpassa iPads utefter elevens behov/särskilda behov
– det gör inte skolan trots att vår dotter har ett Åtgärdsprogram och
en diagnos. Läxor via stenciler – vill inte skolan hjälpa till med trots
att vår dotter behöver detta.

Fritids

Inga krav på kompetent personal. Åtgärdsprogrammet gäller även
tiden på fritids. Obehörig personal som inte ens har någon utbildning
inom skolans värld skall då ta hand om mina barn som har diagnoser,
särskilda behov. Barn med särskilda behov kommer alltid i kläm då
personalens okunskap om NPF diagnoser är stort.

Var finns tryggheten för dessa barn?

"Rätt till utbildning" – glöms det av eller struntar man i det? "En
avgiftsfri skola" – stämmer inte när skolan kräver att eleverna skall
uppdatera sina iPads hemma!
    Respekt, förståelse, kunskap och förtydligande pedagogik är ett
MÅSTE för skolans personal!

//Åsa

45. DET FINNS KÄNSLOR I RYMDEN — EN ANNAN BILD AV ASPERGERS SYNDROM

**DE FLESTA AV ER HAR SÄKERT HÖRT TALAS OM "I RYMDEN FINNS INGA
KÄNSLOR".** Huvudpersonen i filmen har Aspergers syndrom. De flesta
av oss tänker sig att en person med Aspergers syndrom är som

huvudkaraktären – introverta, empatilösa, socialt handikappade, extremt smarta inom ett specifikt ämne och konstiga, helt enkelt. Jag vill härmed visa min bild hur det är att ha Aspergers syndrom, och hur det känns att leva i en annan värld. En värld där det finns känslor i rymden.

När jag var liten så satt jag gärna själv och byggde med lego eller ritade – men jag hade strikta regler. Om en bit hamnade fel i tornet jag hade byggt, så var jag tvungen att riva ner den och börja om på nytt. När de flesta var ute och lekte, så satt jag framför tv'n och kollade på alla musikvideos på MTV. Jag kunde alla låtar utantill, och ville knappt gå till skolan för jag var rädd att jag skulle missa den senaste Britney Spears-låten. Jag har alltid älskar skolan och haft lätt för att lära mig nya saker. Mina klasskamrater märkte dock att jag var annorlunda, vilket gjorde att jag blev ett lätt byte och lätt att reta. Jag hade kompisar, men mina kompisar behandlade mig som en slav. Jag fick bara ha en kompis, jag fick absolut inte umgås med andra. Jag var lätt att köra med, för jag trodde att de inte ville något illa. Jag trodde ju att vi var kompisar och att det fungerade så i kompisrelationer.

Även fast jag hade kompisar så tyckte jag att det var jobbigt att umgås med folk så jag brukade ofta hitta på ursäkter för att slippa umgås. På helgerna så tvingade mina föräldrar mig att umgås med någon, trots att jag inte ville. När jag frågade varför jag skulle göra det så fick jag höra att det var så alla andra gjorde. Jag minns deras besvikna miner när jag efter en halvtimme kom hem från kompisen jag hade varit tvungen att umgås med. Jag insåg att jag var annorlunda. Jag började hata mig själv. Jag mådde dåligt och BUP kopplades in. Men det var inte förrän jag började högstadiet som helvetet verkligen bröt lös.

Till slut klarade jag inte av alla dessa spel – jag klarade inte av att ständigt behöva upprätthålla en bild av att vara normal, välfungerande, som alla andra. Jag kollapsade och sjukskrevs från skolan. Mina depressioner avlöste varandra – men sen kom räddningen. Jag fick diagnosen Aspergers syndrom. Jag trodde att livet skulle bli helt fantastiskt från och med nu. Jag kunde inte ha mer fel.

Även fast jag hade en diagnos på pappret, så möttes jag av misstro. Jag drabbades av svår anorexi, som ledde till slutenvård i tre månader.

Ingen ville tro att jag hade Aspergers syndrom. Att jag tyckte att det var väldigt jobbigt med att möta ny personal varje dag, tolkades som ett symptom på min anorexi. Faktumet var att allt motstånd som jag gjorde tolkades som ett symptom på det. Faktum är också att varje läkare jag mött sedan dess har tvivlat på min Aspergerdiagnos.

Jag har fått frågor från läkare om jag "känner mig som en Aspergers" och om min diagnos verkligen är trovärdig (trots att jag fått den bekräftad två gånger). Jag har fått höra här bland flera lärare att jag "inte är som alla andra med Aspergers syndrom" och även från klasskamrater har jag fått höra liknande kommentarer.

Det kanske sägs i välmening, men för mig bara blir det bara ännu ett nederlag. För vad är det jag måste göra för att bevisa vem jag är? Jag tror att det här till stor del beror på en enorm okunskap bland folk, att det som folk påstår är Aspergers syndrom i själva verket är en mycket svår Autism. Jag anser att filmen "I rymden finns inga känslor" starkt har bidragit till fördomarna om oss – för många tänker att om en inte är som huvudkaraktären i filmen, då kan en inte ha Aspergers syndrom.

Jag skulle också vilja säga att det är en gåva att ha Aspergers syndrom. Jag må kanske ha svårt med att se helhetsbilden av något, som ni andra har lätt att se, men jag är desto mycket bättre på att se alla små detaljer som andra inte ser. Min Asperger har gett mig en enorm envishet, som jag anser bidrog till att jag tillslut lyckades övervinna min anorexi och min sociala fobi. Min envishet har bidragit till att jag kunnat ta mig ur destruktiva relationer och framförallt så har den också bidragit till att jag till slut kom tillbaka till skolan. Envisheten gör att jag orkar kämpa varje dag, trots alla fördomar jag möter, trots att jag näst intill dagligen får det svart på vitt att jag inte är "normal".

Jag kräver inte att ni ska förstå mig och mina känslor, för det gör jag knappt själv. Det enda jag kräver är respekt och acceptans. Jag kanske inte fungerar som ni gör men jag är en människa, av kött och blod, precis som ni är. Jag vill också att lärare ska tänka till innan de väljer att visa "I rymden finns inga känslor". För jag skulle snarare säga att i rymden, där finns det massor av känslor.

//Sara Andersson, 19 år

46. MIN SON HAR ADHD OCH SKOLAN VILL ATT HAN SKA ÖKA MEDICINDOSEN

MIN ÄLSKADE SON, MIN KÄRLEK OCH MITT ALLT. Han har en diagnos som inte skolan kan hantera! Han har ADHD!! Skolan ser en jobbig kille, bråkig, pratig som stör.

Han får medicin... Skolan tycker att det knappt räcker och vill att han ska få högre dos!!! För dom har inte pengar att sätta in resurs!!!! Jag som mamma säger upp mig från jobbet för att hjälpa min kille! Jag är med varje dag!!! Hela dagen!! .

Hjälper, stöttar och knuffar i rätt riktning, var med honom i 2,5 år i skolan... Varje dag, varje resa, varje utflykt! Han vill inte gå till skolan. Pedagoger inom förskolan läser om diagnoser, går på föreläsningar för att kunna bemöta VARJE barn efter barnens förmåga!!

Skolan!?! Finns inget inom utbildningen som rör diagnoser eller barn med särskilda behov. Varför säger de då att ju tidigare vi ser och sätter in resurser, desto bättre!?

Arbetet börjar inom förskolan och sen stannar av helt i skolan. I skolan där kraven är högre, tempot högre, man måste vara alert och närvarande!!

Skolan är inte till för alla! Inte för dom som behöver extra hjälp, inte för dom som faller "utanför" ramen!!!

Min älskade son är idag 12 år!!! Han litar bara på mamma!! Mamma kommer aldrig att svika eller bryta löften! Som skolan... Löfte om egen dator pga skrivkramp, (belöningssystem), muntliga prov!!! Datorn fattades det pengar till, belöningssystemet orkade man inte med och muntliga prov glömmer man bort!!

Och sonen kommer hem så besviken då proven blir underkända pga att han INTE klarar av att skriva!!! Inte pga att han är korkad!!!

SE TILL VARJE BARN OCH DERAS STYRKOR!!! GE ALLA rätt till att få lyckas!! Jag ger aldrig upp om mina barn , det borde inte skolan heller göra!!

//Mamma

47. ALLA ÄR LIKA OLIKA – ÖRONMÄRK PENGAR TILL VARJE ELEV I BEHOV AV SÄRSKILT STÖD

DET FINNS SÅ MÅNGA ELEVER SOM HAR BEHOV AV EN VUXEN SOM GÅR BREDVID OCH FÖRKLARAR DEN OMVÄRLD DE INTE FÖRSTÅR. En vuxen som anpassar de små detaljerna som har så stor inverkan. En vuxen som finns där hela tiden och stöttar, vägleder.

Då finns våra underbara resurspersoner. De gör ett hejdundrande jobb! Men… Varför blir det i praktiken så att bara ett barn per klass kan få en sådan underbar hjälp?

Ibland kan en resursperson vara stöd för flera barn (beroende på deras behov) men oftast jobbar våra resurspersoner med ett barn som behöver deras stöttning hela tiden. Om det då finns fler barn i klassen som behöver denna stöttning ska det oerhört mycket till för att DE också ska få en resursperson. Resursen verkar på något konstigt sätt bokföras som en stöttning till klassen, inte till eleven med behov av särskilt stöd.

Jag önskar att ALLA elever i behov av särskilt stöd ska få den hjälp de behöver, oavsett vilka klasskamrater de har.

//Anonym

48. 9 ÅR ÅT H.....!

JAG ÄR 16 ÅR HAR ASPERGERS OCH DYSKALKYLI. Grundskolan har var skit hela tiden… men jobbigast i högstadiet. Först i 8:an fick jag Aspergers diagnos HUR kan ingen förstått? Mamma, pappa jag själv anade, jag tyckte det var skönt att få diagnos trodde jag skulle få hjälpen jag har rätt till enligt lag… Fel hade jag verkligen.
Ingen ska behöva må så dåligt som jag gjort i skolan.
De kunde ingenting om Aspergers fast de sa att de kunde. De fattade ingenting… De märkte inte ens att jag rymde .försvann från skolan de ringde inte hem… mamma ringde dem…
Jag var osynlig för dem jag tvingades gå i helklass för alla skulle inkluderas och där satt jag bara tyst och gjorde… ingenting. Jag fixa inte alla ljudintrycken får blixtrar i huvudet blev yr.
Oasen den särskilda lilla gruppen som jag varit i lades ner det var en ny lag (inkludering) och ett arbetssätt sa rektorn. Det handlar om att spara pengar! Så många kryphål i den lagen.
Specialpedagogen flyttades till en annan skola för hon "behövdes inte mer" på denna… men jag då, hon var den enda som förstod hur jag funkar den enda på skolan som stod upp för mig… jag orkade inte gå till skolan mer jag blev deprimerad jag sov inte åt knappt fick ångest och magkatarr. Orkade inte leva mer. Jag blev hemmasittare.
Jag fick hjälp av en bra psykolog som hjälpte mig få tillbaka tilliten till vuxna igen jag hade blivit bränd sviken av en massa lögner… av lärare och rektor för att skydda sig själva.
Ingen ska behöva må så dåligt som jag gjort i skolan.
Jag är med i UR Sverige sviker Del 2 för att hjälpa andra med diagnoser, för att folk ska veta hur det går till. Jag filmades sena kvällar i regn långa dagar inga rutiner som jag brukar ha men kan jag bara hjälpa en enda är jag glad och det var värt det.
Det finns inget skyddsnät för oss det är jag som får betala priset för att ingen hjälpt mig eller att skolan bryter mot lagen… "skolan får kritik av Skolinspektionen" sen då… de skulle haft vite och eleverna få skadestånd så de inte gör om det… tycker jag. Skolinspektionen tog 5 månader för att utreda vår anmälan och de träffade inte ens mig. Jag gick ut 9 an med knappt något betyg hela min skoltid har varit en plåga.9 år åt helvete…

//Kevin Rosberg

49. EN AV ELEVERNA SOM INTE FÅR FINNAS

JAG HAR UNDER HELA MIN SKOLGÅNG BLIVIT MISSFÖRSTÅDD, OCH MÅTT VÄLDIGT DÅLIGT PÅ GRUND AV DET. Till slut resulterade det i att jag kämpade, varje dag, för att inte behöva gå till skolan eller när jag väl var där – för att ta mig därifrån. Jag orkade inte längre.

Under högstadiet började det gå utför på riktigt. Mycket till följd av betygen. De jag aldrig fick, eftersom att jag sällan befann mig i skolan på grund av att jag inte fick den hjälp jag behövde. Jag hade både en diagnos inom Autismspektrum och selektiv mutism, och mina lärare gnällde oerhört mycket på mig över mina svårigheter. Framförallt för att jag inte pratade med dem, de sa bland annat att jag inte skulle få betyg om jag inte började göra det. En lärare sa t o m att jag inte hade vett nog att göra det, inför hela klassen. Jag fick ingen hjälp eller förståelse. Det här ledde till att jag kände mig oerhört fel som person, som om jag inte hörde hemma i den här världen.

Uppenbarligen hörde jag i alla fall inte hemma i skolan. Men jag valde aldrig att vara annorlunda. Jag ville aldrig sitta ensam på alla raster. Jag ville inte att lärarna skulle peka ut alla fel jag hade (i deras ögon) på varje utvecklingssamtal, under hela min skolgång. Det bröt ner mig. Jag valde aldrig att inte prata. Jag valde framförallt inte att gå ut 9:an med 3-4 betyg. Jag ville inget annat än att vara som alla andra och få betyg, få lyckas. Men det fick jag aldrig chansen att göra – jag misslyckades i skolan på grund av att ingen såg eller förstod mig. Jag var osynlig, bokstavligt talat.

Jag hade egentligen inga problem med inlärningen, utan det enda jag tror mig ha behövt för att lyckats i skolan var förståelse och hjälp att komma på fötter igen. Det är svårt att sätta ord på hur mycket lidande som jag, med största sannolikhet, aldrig hade behövt gå igenom då.

Min misslyckade skolgång ledde, förutom obefintliga betyg, till ett tappat självförtroende och en trasig självbild. Idag har jag djupa sår från min skolgång, som kanske aldrig kommer länka. Jag är inte ensam och hoppas nu oerhört mycket på en förändring, så att alla barn och ungdomar som går i skolan idag ska få samma förutsättningar i skolan och livet.

//Anonym

" Jag ville inget annat än att vara som alla andra och få betyg, få lyckas."

50. SNÄLLA GÖR DET OBLIGATORISKT

HEJ, SNÄLLA GÖR DET OBLIGATORISKT FÖR LÄRARE ATT GÅ KURS I OLIKA DIAGNOSER SÅ ATT BARNEN SLIPPER VÄNTA SÅ LÄNGE INNAN DE BLIR SEDDA. Om möjligt koordinera skola och utredningsteamen. Så otroligt många barn som står i kö för utredning idag i Stockholms-området att underentreprenörerna som ska hjälpa barnen till vårdgarantin, själva går på knäna. Vem vänder man sig till när underentreprenörens underentreprenör inte heller kan hinna med?

Hjälp barnen, detta är ovärdigt!

//Anonym

51. VEM BRYR SIG?

MIN SON PÅ **14** ÅR FICK DIAGNOSEN **ADHD** I VÅRAS. När han började högstadiet blev allt mycket rörigt. Att ta eget ansvar för tider, få med sig rätt böcker till rätt lektion och rätt sal var nästintill omöjligt.

Att äta lunch i en stor matsal med många människor & hög ljud-nivå är otänkbart. Han har inte varit på en enda idrottslektion på dessa tre terminer. Men reagerar idrottsläraren på att en elev aldrig dyker upp? Nej!

Han har haft mycket frånvarotimmar då vi får sms om ogiltig frånvaro. Senaste två veckorna har han varit hemma flera dagar. Reagerar någon? Nej! Ingen undrar var han är. Inget telefonsamtal, ingenting. Hur kul är det att gå till skolan om ingen bryr sig om man är där eller inte...?! Det spelar ingen roll hur mycket mamma tjatar och vill att han ska gå om ingen på skolan visar intresse att få dit honom.

Just nu känns allt hopplöst. Vi föräldrar har gjort så mycket som jag inte nämnt här men vi kommer inte framåt.

Ingen ska behöva ha det så här!

//En som hoppas på förändring

52. 13-ÅRING MED ASPERGERS

MIN SON FYLLER 13 ÅR I DECEMBER OCH HAR PRECIS BÖRJAT I HÖG-STADIET. För hans gamla klasskamrater från årskurs 6 är detta en spännande tid, med nya kamrater och ny skola då den förra skolan bara gick till årskurs 6. Jag ser dem ibland och de ser glada ut. Känner att jag inget hellre önskar än att få se min son på denna skolgård, omgiven av kompisar, som en "vanlig" högstadiekille.

Nu ser inte verkligheten ut så för honom. Efter sju år (inklusive förskoleklass) i vanlig klass förstår vi att det aldrig kommer att bli hans verklighet.

När han började förskoleklass för sju år sedan var han förväntansfull, han såg fram emot att få gå i skolan och han älskade sin fröken. Han var lite rädd och försiktig men vi tänkte väl att han kanske "växer till sig". Redan här föredrog han de vuxnas sällskap på raster och hade inte många kompisar men verkade inte lida av det. Åren gick och han blev mer inbunden, hade svårt med kompiskontakter men verkade klara av skolan. I fjärde klass förstod vi att han inte mådde bra, och misstänkte att han möjligen hade Aspergers syndrom. Vi hade åtskilliga kontakter med skolan som avrådde från utredning för de tyckte han klarade av skolan. I efterhand har alla inblandade, även på skolan, förstått att redan här for han väldigt illa av en vanlig skolmiljö men ingen märkte det för han har alltid varit tyst och snäll och aldrig stört på lektionerna. I kombination med att han gick i en stökig klass var det andra barn som krävde uppmärksamhet så min son syntes inte.

I hela femte klass höll han sig för sig själv på alla raster, fick inte vara med de andra barnen och kunde klara av de sociala koderna som krävs i umgänge med andra barn. Han mådde oerhört dåligt av skolmiljön men gick ändå dit. Varje dag när han kom hem från skolan la han sig i sitt rum under täcket och var alldeles utmattad av ansträngning efter en skoldag. Under sommarlovet fick vi delvis tillbaka vår glada pojke men från första dagen i sjätte klass märktes en markant skillnad och redan efter några dagar fick han sin första av många panikångestattacker och efter höstlovet klarade han inte av att vara i skolan överhuvudtaget. Resten av sin tid i sjätte klass gick han delvis i sjukhusskolan(som har totalt fyra barn,) och delvis

med assistent i sin gamla skola. Men då satt han ensam i ett rum med en assistent. ALLA försök att få honom att gå i sin gamla klass åtminstone nån timme om dagen var fruktlösa. Han klarade inte av så många barn. Nu går han i sjuan i en särskild undervisningsgrupp med fyra barn och inte ens det klarar han i nuläget utan han får sitta ensam i ett rum med en lärare och orkar gå till skolan i genomsnitt fyra dagar i veckan. Detta är en pojke som tidigare har visat att han ligger långt över genomsnitt i de flesta teoretiska ämnen och med rätt hjälp skulle kunna få oerhört bra betyg. Tyvärr har skolmiljön tom årskurs 6 givit honom något som liknar en utmattningsdepression vilket tyvärr är väldigt vanligt hos barn med Aspergers. Någonstans måste beslutsfattare börja inse att begreppet inkludering bara innebär exkludering för alldeles för många barn och det är inte en "skola för alla barn"

//KR

53. EMMA

EMMA ÄR EN 13-ÅRIG FLICKA SOM HAR HÖGFUNGERANDE AUTISM OCH ADHD. Under de första åren i skolan blev Emma mobbad och utfryst. Hon var ju inte som alla andra. Skolarbetet klarade Emma bra fram till åk.3. I fyran fick hon en assistent som hjälpte henne i skolan. Mobbingen blev allt värre och hon bytte skola. Anpassningar i nya skolan är obefintliga. Det som finns är ett lugnt rum dit Emma ska gå när hon vill vara ifred. Emma klarar inte mer nu. Hon är sedan två månader tillbaka sjukskriven. Skolan vill inte ha henne tillbaka, säger att de försöker hjälpa Emma tillrätta i skolan men att hon är svår och bara drar sig undan . Jakten pågår att söka ny skola. Vi bor i en liten stad och alternativen är inte många. Jag önskar att skolan verkligen ska vara för alla. Verkligheten ser dock inte ut så.

//En ledsen mamma

54. KUNSKAP...

MIN ENA SON FICK I MELLANSTADIET SIN DIAGNOS ADD O LÄTT ASP... Han
är väldigt intelligent o det gör det svårt för honom att få den hjälp han
behöver då det inte syns/märks så bra... plus att han har svårighet
att kunna berätta när han kör fast...

I mellanstadieskolan var de oerhört engagerade o läste på o kunde
mycket... men nu i högstadiet (6:an & 7:an) går det nästan inte en
vecka utan att jag måste kontakta lärare o mentorer för att berätta
hur det är o går för min son o vad han behöver. Lärarna o mentorerna
är snälla o förstående o de känner till diagnoserna, men jag känner att
de inte har kunskap nog att kunna omvandla det i praktiken o kunna
se o stötta min son tillräckligt... jag ska ju inte behöva tala om hur de
ska undervisa eller?? Djupare kurser i lärarutbildningen o fortbildning
inom bl a NPF för alla lärare o specialpedagoger är oerhört viktigt
för att lärarna ska veta hur bemöta o stötta barnen så att de inte ska
tappa sugen o börja strunta i skolan...

//Mamma M.

55. ÄR VÅR LYCKA BARA TILLFÄLLIG?

VÅR SON SOM HAR AUTISM BÖRJADE FÖRSKOLEKLASS I HÖSTAS. Han
kom då från ett litet dagis med totalt 18 barn och en egen resurs 5–6
timmar om dagen som var en stor stöttning för vår son. Vi kände oss
så nöjda vi kunde med denna situation även om det blev struligt så
fort resursen var borta av någon anledning och den övriga personalen
inte hade kunskap eller tid att tillgodose sonens behov under de
tillfällena. Det blev dags för skolval och vi visste ju att en vanlig
kommunal skola med 30 elever och stoj och stim inte var ett tänkbart
alternativ för honom. Vi letade runt och hittade ett fåtal alternativ
som låg i närheten av där vi bodde. Det var en tuff period då man
inte får så mycket hjälp på vägen med skolval när man har barn med
särskilda behov, som "tur" var hade jag inget jobb under denna tid
utan jag kunde ägna flera timmar av dagen till att leta runt och ringa
och maila och ställa frågor osv.

Vi visste tidigt vilken skola vi ville att vår son skulle gå i. En nyöppnad skola i Söderort med inriktning på barn med diagnos inom Autismspektrum som vi bara hört gott om. Vi ställde oss i kö och vi visste att vi nog inte hade så stor chans då denna skola är väldigt populär. Men efter att sonen gått igenom begåvningstest på BUP (som för övrigt var väldigt oproffsiga men det är en helt annan historia) så visade det sig att han även hade en utvecklingsstörning och man rekommenderade särskoleklass. Klart vi var tveksamma men det gav oss vår plats i skolan vi önskade och med facit i hand så kan det inte ha blivit så mycket bättre. 5 elever i klassen, 1 underbar lärare och ett gäng med assistenter som hjälper till på ett fantastiskt och engagerande sätt. En nyrenoverad skola med egen kock som serverar en fantastisk lunch och som alltid har andra alternativ till de som inte äter den ordinarie maten. Sonen har gjort otroliga framsteg på de månaderna han har gått där så vi känner oss lyckligt lottade att få ha vår son i denna fina skola. Men vi känner oss samtidigt oroade att den nya regeringen ska förstöra vår lycka. Gustaf Fridolin borde göra ett studiebesök på vår skola och han kan ta med sig Herr Sjöstedt också så kan de få se svart på vitt att det finns privata skolor som gör fantastiska jobb! Jag är för att man kollar upp kvaliteten mer noggrant i den privata skolorna men det behöver inte vara dåligt bara för att det är vinstdrivande. Jag vill inte ändra på något med sonens skola och får ägarna pengar i egen ficka så är de värda detta efter allt bra de gör för min son och hans skolkamrater!

//Mer fokus på kvalitet!

56. DET KORKADE PUCKOT OCH DÖDEN

PANG – PANG – PANG – PANG LÅTER DET NÄR BARNET RYTMISKT DUNKAR SINA PANNA I BETONGVÄGGEN. Jag försöker närma mig, famlar panikartat efter det lågaffektiva bemötande som skulle kunna lämpa sig bäst i här men allt jag lärt mig är som en grå smörja som snurrar i huvudet och jag känner att min villrådighet förstärker beteendet. Pang! Där kom blodet, jag kastar mig över henom. Håller mina armar runt den lilla kroppen, känner lukten av mitt barn, läser av ångesten och tar in den. Gör den till min.

Hen kränger, skriker, lyckas böja upp underarmen och slå sig själv i ansiktet samtidigt som hen sparkar mig ursinnigt på benen. Jag får ner armen och hen börjar istället desperat riva i nagelbanden och nu kommer det blod där också. "Mamma släpp mig jag vill dööööö, jag är värdelös helt mitt liv är värdelöööst jag vill dö låt mig vara"! En käftsmäll hade varit lättare att ta. "Nej, jag kan inte släppa, du får inte göra sådär" säger jag så tydligt och lugnt jag förmår. Jag försöker att utstråla lugn. Håller henom i ett fast och hårt grepp utan att egentligen hålla i, snurrar mitt ben runt henom, försöker andas så djupt och långsamt jag kan och säger att det är ok att vara arg – var arg så mycket du orkar men skada dig inte! Barnet sliter sig loss, rusar till andra sidan rummet. Rakt in i väggen, dunkar pannan hårt tre gånger i dörrkarmen. Hen skriker och gråter, men nu hör jag att gråten är annorlunda, det finns någon där igen. Smärtan och synen av blodet i pannan som nu har smetat av sig på dörrkarmen har väckt henom och nu behövs jag. Jag går fram till henom och stryker försiktigt bort tårar och blod ur ögonen. Mässandet om döden och det värdelösa livet börjar om igen men nu sätter vi oss på sängen och vi gråter båda två, jag kramas och klappar på huvudet och ryggen.

Efter en lång stund klingar gråten av, den lilla kroppen slappnar av. Hen berättar att hen och Bästis är de dåliga barnen i klassen, de som stör och förstör och som är korkade puckon som alla hatar. Det är inte första gången jag hör detta, det har blivit ett ständigt återkommande mantra som jag tror blir mer och mer sant för Barnet för varje gång hen säger det högt. Det som är nytt den här gången är det där om döden. Den lilla detaljen, döden.

Med hjälp av kontaktboken försöker jag spåra den närmaste tiden bakåt för att se vad som hänt. Jag hittar pusselbitar, allt hen har gjort fel de senaste dagarna: Barnet har stört kamraterna, sagt fula ord och inte visat respekt och har suttit i korridoren med sina matteböcker och jobbat. Haft sönder sin nya engelskabok direkt efter lektionen och var rasande arg i en timme utan att de kunde lugna. Hen har suttit inlåst på toaletten i tre timmar. Hen har inte ätit varken lunch eller mellanmål idag, kan hemmet skicka med lunch och mellanmål till skolan så att hen får något i sig och orkar delta i undervisningen? Hen har inte kunnat vara med i klassrummet på hela dagen så hen har fått undervisning i korridoren. Kan ni vara snälla att tala med henom om respekt och att det faktiskt inte är acceptabelt att störa sina kamrater så som hen gör jämt. Ni får gärna också påpeka att i skolan är det de vuxna som bestämmer. Hen har inte deltagit i några musiklektioner sedan förra julen. Hen vägrar skriva med penna, vi lärare kan ju faktiskt inte skriva åt henom. Hen använder sina diagnoser som ursäkt för att slippa delta. Hen vägrade delta i experimentet om vulkaner."

Sedan tänker jag på mailkonversationen med rektorn, om hur hon tycker att så länge vi inte ger henom medicin mot sin ADHD så behöver inte skolan göra några anpassningar. Hem och skola måste ju samarbeta påpekar hon, så om vi inte ger medicin är allt dom gör i skolan ändå lönlöst. Hon poängterar också att om hen inte haft en bra start på dagen så finns det inget skolan kan göra för att få skoldagen att fungera, det är vi föräldrar som ansvarar för att Barnet lyckas i skolan. Hon hänvisar till kartläggningar och åtgärdsplaner som skulle ha gjorts i förskoleklass och krismöten som aldrig har skett – rektorn blandar ihop oss med en annan familj och pratar om sekretessbelagda uppgifter rörande andra barn med mig. Berättar om barn med Autism som står i hörn och bajsar på sig eller som inte pratar men som ändå inte behöver en resurs. Rektorn säger att det är upp till mig som förälder att ge skolan det stöd och utbildningar de behöver för att klara av Barnet medan hon i nästa andetag säger att läget är under kontroll och att dom kan klara av situationen.

Några dagar senare mailas det från skolan att Barnet inte längre är välkommet, vi måste omgående hitta en annan skola till barnet. Någon plats på en annan skolan finns inte, vår stadsdel har just tagit emot ett stort antal barn från Syrien som behöver skolplaceringar och vi hänvisas till skolvalet i februari. Samtidigt kan vi inte hålla henom hemma. Skolplikten gäller och vi kämpar vidare.

Mitt barn är 8 år gammal, hen går i andra klass och har diagnoserna ADHD, Aspergers syndrom och Tourettes syndrom. Hens kontaktbok är full av oförståelse och stelbenta pedagogiska lösningar som inte alls tar hänsyn till det behov av särskilt stöd och anpassningar som hen faktiskt har. Det är inte svårt att förstå att mitt barn känner sig dåligt och misslyckat när jag läser vad skolan skriver. Som tur är så vet jag ju att det inte alls är så, jag vet ju att det är skolan som misslyckats med att undervisa mitt barn.

//Killermom

57. FRÅN FRIMODIG TILL HEMMA- SITTARE (SÄNGLIGGARE)

HON KALLADES FRIMODIG, VAR INTRESSERAD AV ALLT, PRATADE TIDIGT OCH GÄRNA, LÄRDE SIG SJÄLV LÄSA VID FYRA OCH HADE TILLTRO TILL BÅDE SIG SJÄLV OCH VÄRLDEN. Nu ligger hon här på sängen och vill absolut ingenting. Det hon har lärt sig av skolan är att hon är annorlunda och att det är fel. Om hon kan något så är det fel, hon räknar på fel sätt, hon är intresserad av fel saker eller kanske rätt sak men vid fel tillfälle, ibland kan hon mer än läraren och det är jättefel - ja hela hon är fel. Hon har kämpat så oerhört för att försöka förstå vad det är läraren och skolan vill ha, för att passa in. Men har man inte medelmåttigheten, den ljumma likgiltigheten medfödd så är den inte lätt att lära sig. Krav och förväntningar skiftar ständigt och är något helt annat än vad som sägs och skrivs.

//Anonym

58. VI HAR INGA PROBLEM HEMMA

MEN SKOLAN KRÄVDE UTREDNING OCH MEDICINERING MOT HANS Å VÅR VILJA MEN DÅ SKOLAN INTE VILL HJÄLPA PÅ ANNAT VIS. Lindrig lätt ADD diagnos men skolan har inte resurser (ointresserad) så han kan få extra hjälp. Lärarna ointresserade och inte intresserad att ta reda på vad det innebär att ha krångel med korttidsminnet och koncentrationssvårigheter kommer ej ha godkända betyg i 9an i övrigt funkar vår son bra socialt, tränar , vara med kompisar, läger, fixar å packar själv.

//Mor

59. INGET BLEV SOM VI HADE TÄNKT

NÄR VÅR DOTTER, IDAG ÄR 12 ÅR, BÖRJADE I ÅK 2 BRAKADE DET REJÄLT.
Utåtagerande beteende, hamnade ofta i konflikter med andra barn,
hade EN kompis som hon tröttade ut då hon lätt blev väldigt intensiv
i umgänget med en ny kompis. Inför varje rast hade hon ont i magen
eftersom hon inte visste vem hon skulle leka med. Lektionerna i klass-
rummet funkade bäst, rasterna och fritids var hemska. Skolan gjorde
verkligen ALLT de kunde för att hjälpa henne men det räckte inte.

Var och varannan dag kom hon hemspringande och grät, för det
mesta utan ytterkläder. Varje morgon var en pärs då vi aldrig visste
om vi skulle få iväg henne till skolan. Det slutade med att hon blev
hemmasittande under ett år. Hennes fröken och resurs på skolan
kom hem till oss och hälsade på för att försöka få henne att komma
tillbaka till skolan. Jag kommer ihåg hur hon kröp upp i frökens knä
och gosade, hur hon sa att "om ni behövde vara mig i 10 minuter, så
skulle ni inte stå ut". "Mamma, jag vill bli sjuk och hamna på sjukhus,
för där får man sova bort tiden och slippa gå i skolan".

En gång skulle jag gå in i hennes rum, kände mig orolig, jag visste
att hon mådde dåligt den dagen. Hennes dörr öppnas inåt, men jag
öppnade den försiktigt, kände liksom på mig att det var något…Där
stod hon på en pall, med en livrem runt halsen, som hon hade fäst i
en krok i taket. Vår dotter, endast 10 år gammal, försökte ta sitt liv.
Måhända förstod hon kanske inte riktigt konsekvenserna av det hon
gjorde, men det var så fruktansvärt. "Mamma, jag vill dö".

Hon har ADHD och Aspergers syndrom, högfungerande, och hon
är väldigt intelligent. Hennes handikapp syntes inte på utsidan, men
hon mådde väldigt dåligt på insidan. Allting vände när hon fick plats
på en resursskola, hon gick omedelbart från ca 40 % frånvaro till 0 %
frånvaro den första terminen. Tidigare åt hon även Strattera mot sin
ADHD, den slutade hon med när hon började på nya skolan.

Problemet för oss nu är hennes storasyster som tyvärr tog väldigt
mycket stryk under de jobbiga åren med lillasyster. Det var otroligt
mycket bråk och tom slagsmål hemma under en lång period. Stora-
syster har mycket ångest, skadar sig själv och vill heller inte leva
längre. Mer än halverade inkomster, otroligt mycket vabbande och
utmattningsdepressioner gäller för både mig och min man.

//En som ALDRIG ger upp

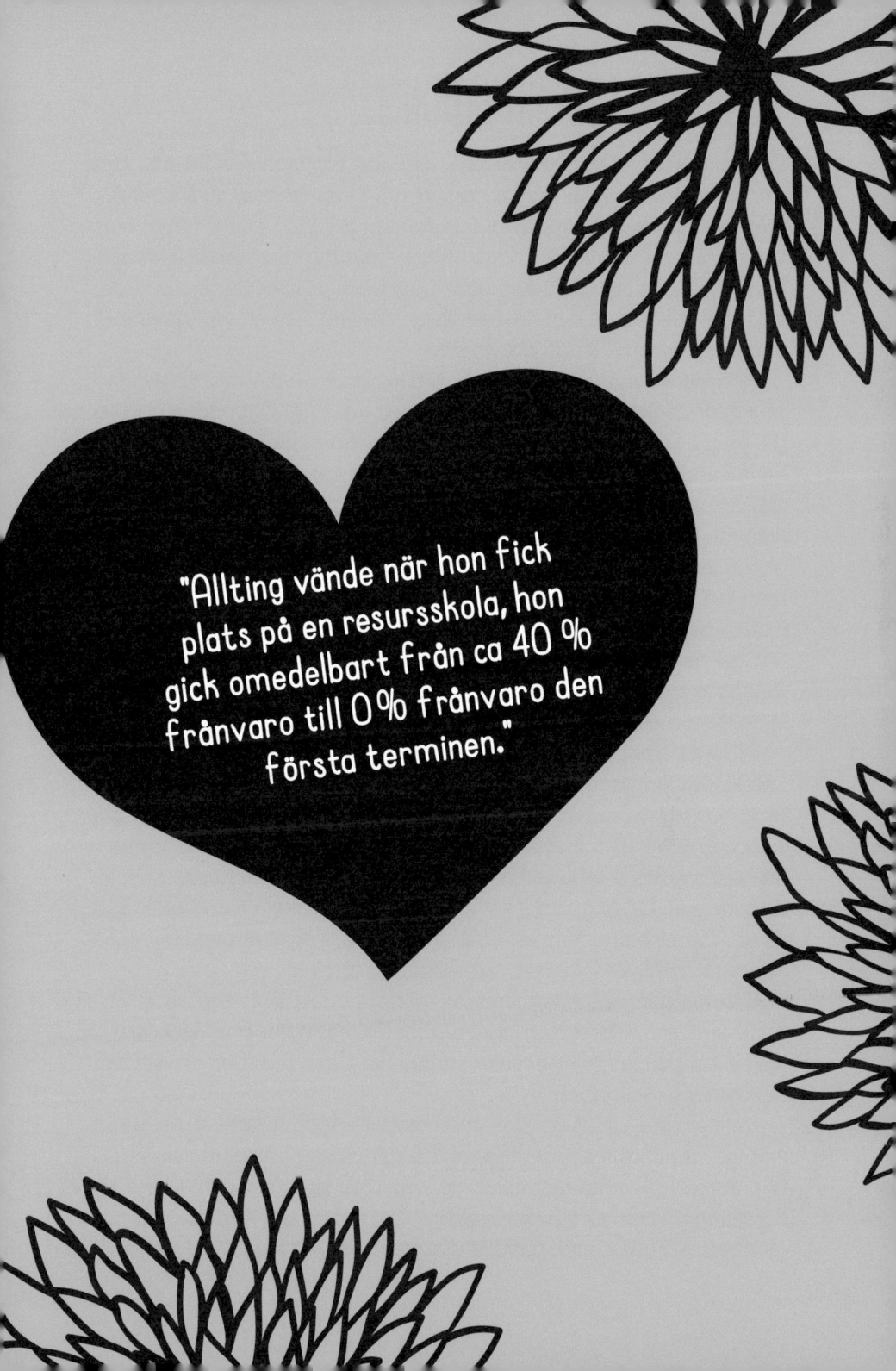

"Allting vände när hon fick plats på en resursskola, hon gick omedelbart från ca 40 % frånvaro till 0 % frånvaro den första terminen."

60. KONKRETA SITUATIONER

DOTTERN HÖLL PÅ MED MATTE ÅK 5 NÄR HON BÖRJADE SKOLAN MEN FICK I ETTAN BÖRJA OM MED ATT EN TERMIN TRÄ GUMMISNODDAR PÅ SPIKAR (FÖR ATT FÖRSTÅ MÄNGDLÄRA). Läraren ignorerade hennes frågor och trodde helt enkelt inte att hon kunde någonting alls. Hon fick kämpa hårt för att lära sig ställa upp och räkna talen på det sätt läraren ville vilket ändras lite då och då. Resultatet blev att från att varit favoritämne är matematik numera hatdito.

Hon läste flytande när hon började skolan men fick ändå sitta i två år och rita bokstäver. Hon bad hela tiden om svenskuppgifter och en (1!) en gång fick hon en "Päron"bok med utmaningar men när hon gjort slut den på några dagar fick hon inget mer med motiveringen att "det var bara meningen att varje elev skulle få göra en sida". Jag fick inte heller köpa böcker för att skicka med. Det viktiga var att alla gjorde samma sak. Man följde den som gick långsammast fram och med tanke på att ett par pojkar i klassen inte började läsa förrän i fjärde klass så var det inte så kul. Som tur är har hon kunnat utveckla sitt läs- och skrivintresse på fritiden. Tyvärr är gymnasiets obligatoriska svenska helt inriktad på vetenskapligt skrivande och inget skönlitterärt fast hon läser Hum språk.

På högstadiet skulle allt analyserats och beskrivas. Halva tiden i praktiska ämnen gick åt att skriva långa rapporter om hur man gjort, varför och vad man lärt sig och vad det har för betydelse för sig själv och samhället. I musik fick de till och med frågan på hur deras arbete påverkade arbetet för världsfreden. Nu gick det här rätt OK för dottern men katastrof för de som har sin starka sida på den praktiska delen. Tyvärr hann dock ingen lära sig särskilt mycket praktiskt vilket är nog så viktigt.

Genom hela skolan har lärarens attityd att alla ska vara lika, stött mobbarna och utfrysning. Inget antimobbingprogram i världen kan hjälpa om skolpersonalen anser att lika barn leka bäst och att alla kan anpassa sig till normen.

Det som har hjälpt är att vi, med motiveringen hälsoskäl, åkt utomlands först några månader i taget och gymnasiet på heltid. Dottern har då läst i sin egen takt vilket varit mycket snabbare än skolans. Första åren i samarbete med vanliga skolan och sen Korrespondensgymnasiet. Fortfarande handlar det mesta om att förstå vad läraren

vill ha mer än att lära sig något. Kraven är dock något tydligare när de är nedskrivna. Det viktigaste är att hon slipper oändliga genomgångar på sånt hon redan kan, stökig miljö, grupparbeten med elever som inte gör något, håltimmar och förnedrande raster. Listan kan göras mycket längre. Hon missar värdefull gemenskap och samarbete men det är det verkar det vara få som finner i dagens skola tyvärr.

Nu tar vi en dag i taget. Vi har hittat ett sätt att klara av skolan men vi har inte hittat tillbaka självkänslan och självförtroendet.

Dottern är diagnostiserad särbegåvad och att har autistiska drag.

//Anna

61. OKUNSKAP!

HÄR KOMMER BERÄTTELSEN OM EN 7-ÅRIG KILLE MED ADHD OCH AUTISTISKA DRAG SOM LEVER I EN FAMILJ DÄR FLER FAMILJEMEDLEMMAR HAR EN FUNKTIONSNEDSÄTTNING. Att få en diagnos vid tidig ålder kändes overkligt och olustigt men tyvärr ett måste tänkte man för att få rätt hjälp. Så vid förskolan så påvisade vi att han var i behov av en resurs redan vid 3–4 års ålder. På förskolan tyckte de inte att det var befogat utan körde på som vanligt. Tiden gick och trots att det var flera jobbiga situationer/dag så behövdes en incident av det lite grövre sortens för att det skulle dyka en resurs. En dag stod det en resurs där men som enligt förskolan var för hela gruppen. Efter några månader togs den resursen bort då allt gick mycket bättre igen enligt skolan. Vid övergång till miniettan så försökte vi än en gång påvisa att det skulle var bra med en resurs då han hade många jobbig situationer/dag. Men icke det. Nu i årskurs 1 så fortsätter kampen men utan resultat. Lärarna förstår men rektorn säger nej. Ibland vill 7-åringen inte gå till skolan. Nu sitter en av oss föräldrar på skolan och hjälper till på lektionerna och för att vara till stöd och rektorn gör ingenting. Vad ska man göra? Börjar ledsna men samtidigt är det min pojke och jag kommer göra vad jag kan för att han ska klara skolgången med allt vad det innebär. Läser skollagen och andra lagar för att veta vad jag ska säga och hur jag ska gå till väga. Samtidigt så fortsätter min 7-åring att kämpa i skolan.

//Hårt jobbande föräldrar Örnsköldsvik!

62. LÄNGE LEVE LUNASKOLAN ♥

VI HAR TVÅ BARN SOM NU GÅR PÅ LUNASKOLAN, INNAN LUNASKOLAN SÅG LIVET UT SÅ HÄR. Sonen som har ADHD, Aspergers och dyslexi hade rejäla utbrott flera gånger om dagen på så sätt att stolar flög, skrek, slogs, klädde av sig kläderna, dunkade huvudet i vägen och skrek jag vill inte leva, jag hatar skolan som om det inte var nog så rymde han från skolan flera gånger i veckan. Personalen räckte inte till och hade ingen kunskap, våra telefoner ringde varma där personalen undrade vad de skulle göra med vår son. Han började även att medicinera. Han får stor ångest när vi talar om gamla skolan.

Den dagen då han fick en plats på Lunaskolan ändrades allt, han fick lärare som förstår och vill hjälpa till, idag längtar han till skolan och undrar om man måste ha sommarlov, han tackar oss för livets gåva. Han har inte haft ett utbrott på nästan två år, han har gjort en fanatisk resa tack vare att han har en skola som är trygg, Luna skolan har räddat hans liv!

Vår dotter som har ADHD, trotssyndrom och dyslexi har haft klippkort hos skolsyster, på gamla skolan hon gick dit flera gånger i veckan för hon hade ont här och där men det var alltid psykiskt.

Läraren kunde ringa mig och säga att hon har jätte ont i benen men sen hemma visade hon inga tecken men nästa morgon när det var dags att gå till skolan började hon att halta.

Hon skrek varje morgon jag vill inte gå till skolan, det kändes som jag varje dag kastade in henne till lejongropen. Lärarna pratade ned oss då och då och sa att hon inte gör det hon ska, tar inte fram sina saker och när man frågar henne varför så svarar hon- Jag kommer inte håg och istället för att de hjälpt henne fick hon skäll.

Idag älskar hon skolan, går upp på morgonen med ett leende och undrar om klockan kan gå snabbare. Hon berättar gärna om skolan och känner ny glädje att få lära sig saker.

Vi som föräldrar har aldrig haft så tillfredsställda barn som nu när de går på Lunaskolan, vi är evigt tacksamma för att den finns annars vet man aldrig vad som kommer att hända med vår älskade barn. <3

//Å.K.

63. SKOLAN KROSSAR

I 8:AN KRASCHADE ALLT. Min dotter hade beklagat sig att det var så "stressigt" i 7:an, men vi förstod inte HUR stressigt. Hon gick alltid ensam, hon kände att hon inte passade in, hon fick anstränga sig så hårt för att få kontroll över sin dag. När hon kom hem var hon slut och sov mycket. Vi tänkte att tonåringar behöver ju mycket sömn. Sen började hon skolka. Vi blev arga och "satte hårt mot hårt". Hon var alltid arg, slutade kommunicera med oss och började skära sig. Vi drogtestade henne (visade inget) och sökte hjälp hos BUP.

Fick hjälp att sålla lite på BUP, analysera vad som var vad. Hade vi haft en aning om konsekvenserna att börja högstadiet utan fastställd diagnos, så hade vi begärt utredning av vår älskade flicka för länge sen. Hon har ju alltid haft hög frånvaro i skolan, svårt med kompisar, svårt med alla ljud, migrän… Jag har alltid tänkt att hon har lite autistiska drag – kanske Aspergers?

Skolan menade att hennes problem var sociala och hörde inte ihop med skolan – hon hade ju inga inlärningssvårigheter – tvärtom! Fina betyg på väg mot riktigt höga, var omdömet i 7an.

Så nu har vi en begåvad, underbar unge som knappt går till skolan längre. Som mår dåligt. Som inte kommer in på gymnasiet. Tack o lov har vi fått insikt i vår dotters problem och behov tack vare BUP och eget intresse – har läst massor. Vi försöker ge henne en fristad hemma. Vi håller inte längre med skolan om allt.

När vi tog med BUP på skolmötena så ändrades attityden från skolan. Hon fick byta klass (var omöjligt innan – så "gör" man inte) och fick tillgång till speciallärare. Synd att det kom så sent – nu är hon redan knäckt, nu har hon gett upp, nu vill hon inte ens längre. Hur reparerar man det?

Vi skickade henne till skolan i god tro. Vi trodde att de skulle ta hand om henne och få henne att växa och utvecklas. Hon ville göra rätt, gå på lektion och vara duktig.

För familjens övriga barn har det betytt att de fått klara sig mycket själva då dotterns mående p g a skolsituationen varit väldigt energikrävande. Alla möten tar också tid. En av oss föräldrar driver eget företag och går nu på knäna – alla buffertar är förbrukade. Såg någonstans en fråga politiker ställde till småföretagare – "hur kan

vi förenkla ditt företagande?". Mitt svar är: SE TILL ATT SKOLAN
FUNGERAR FÖR ALLA!

//Ledsen o trött mamma.

64. FRÅN DAGIS TILL GYMNASIET...

NÄR JAG SKRIVER DEN HÄR TEXTEN , SÅ RINNER TÅRARNA. Dotter med
ADD och Aspergers , diagnos April 2014. Vid nästan 16 års ålder. Det
klassiska för tjejer som är tysta och inte stör någon

Men varför märkte inte någon tidigare? Sista samtalet på dagis,
så minns jag att fröken poängterade att M behövde stärkas, behövde
bygga upp sitt självförtroende.

Vid första samtal i ny kommun och 6-årsverksamhet, så påtalade
jag vad dagis hade sagt, gav dem också underlaget som skulle varit
ett överlämningsdokument om vi hade bott kvar i den första kommu-
nen. Men det var som att de inte tog någon notis om detta i nya...

M's första skolavslutning börjar närma sig. Barnen övar inför
uppvisning på skolgården och något för föräldrar i klassrummet.

Några kvällar innan avslutningen ligger hon och gråter för hon
är orolig över detta och vill helst slippa, vi beslutar att hon inte ska
behöva göra detta. Så jag ringer upp skolan nån vecka innan. Nedan-
stående har jag dokumenterat och det är från juni 2006:

–Hej, det är Marie, jag skulle bara säga att M är inte med på upp-
visningen på avslutningen, tänkte att jag ville meddela det så ni vet
bara, säger jag när fritidspedagogen svarar.

–Det här kan inte jag ta emot, jag får be läraren ringa upp säger hon.
Oj, var det en så stor sak... tänkte jag.

Läraren ringer upp. Jag informerar henne.

–Om inte M ska vara med, då får ni söka ledigt för det ingår i läro-
planen. Detta har aldrig hänt tidigare i denna skola, säger läraren.

Vi talar länge. Och kommer överens om att vi ska höra med M igen
och att om hon ska vara med så vill hon, fröken ha skriftligt på det.

Så vi hör med M igen. Beslutar att hon inte ska var med. Känslan
är att hon egentligen inte var välkommen på skolavslutningen. Jag
fattar inte ens varför det krävdes skriftligt på det?. Och ingår upp-

" Vi har nu talat med M. Hon vill inte vara med på det stora på kullen, men gärna i klassrummet. Vi hoppas att hon ändå är välkommen på sin första skolavslutning."

trädande på skolavslutningen verkligen i läroplanen? Men vi skrev detta och gav till fröken

Vi har nu talat med M. Hon vill inte vara med på det stora på kullen, men gärna i klassrummet. Vi hoppas att hon ändå är välkommen på sin första skolavslutning. Vi har beslutat att låta henne stå över det stora, för om hon ändå är med i klassrummet så är det ETT steg FRAMÅT. Att utsätta henne för att börja grina inför hela skolan igen är definitivt FLERA steg BAKÅT. Risken är överhängande att hon börjar grina, vad TJÄNAR det till/vad LÄR hon sig? VI är nöjda och stolta om hon uppträder i klassrummet, detta år, denna gång. Hon är 8 år. Jag hoppas att även ni kan ge henne en eloge/uppmuntran för DET lilla steget.

Något beröm för det fick hon aldrig, nästa gång vid julavslutningen placerades hon på scenen längst fram inför hela skolans elever och föräldrar, som slutade i att vi fick hämta henne från scenen.

Vid alla samtal sas hela tiden " hon måste ta för sig, be om hjälp, prata". Vi fick rådet att "sätta henne i teaterskola"!

Det hände att hon började grina i skolan, men ingen lyckades få ur henne vad som hänt, inte jag heller. Men varför inte bara konstatera, hon är ledsen och behöver tröst . Men det fanns aldrig någon, vi fick komma och hämta.

Men det var så frustrerande att hon totalvägrade säga varför att de liksom blev sura/arga på henne. Jag själv vet inte idag heller varför och när jag frågade min 16-åriga dotter om det idag , så vet hon inte själv.

Skolan fortsatte. Svårigheter med matematik, fick lite extra hjälp nån gång i åk 5 eller 6.

Högstadiet, ny skola, högre krav. Matte, fysik, kemi svårt. Fick gå till specialpedagog i åk 8 , som då ville att han skulle göra en dyskalkyli utredning, så gjordes hos logoped , men hade inte dyskalkyli men dåligt arbetsminne och koncentration , remiss till Prima för utredning , misstänkt ADD, som så var fallet men också Aspergers.

Stor, stor chock inför det sistnämnda och så här 7 månader efter, fortfarande. Dottern har börjat gymnasiet och nu har nästan första terminen gått, skolan har sökt om en elevassistent , men det har fortfarande inte kommit någon

Ändå går det bättre i skolan nu, då de inte läser fysik och kemi , men matte 1 gång i veckan. M behöver lära sig grunderna i matte, hon behöver TYDLIGHET, stöd, tid, igångsättning, uppföljning i alla andra ämnen.

Min erfarenhet från skolan är mest möten och en massa fina ord. Många lärare verkar stressade men också ovana att använda sig av den teknik som finns och förenklar kontakten mellan skola och hemmet , som t ex bara använda sig av e-post. Tycker också, vilket min dotter märkt av att det är mest manliga lärare som glömmer bort saker de lovat eller är otydliga.

Jag är evigt tacksam till den specialpedagogen som initierade utredningen. Jag känner STOR bitterhet mot min dotters lärare i låg-stadiet. Hur kan man tvinga nån med Aspergers att framträda inför 400 elever, lärare och föräldrar?

Hur kan man tvinga en blyg 8-åring att uppträda? Och dessutom påstå att det ingår i läroplanen och söka ledigt om man inte deltar. Jag har lust att slänga det i ansiktet på dessa personer, men det är många år sen…

Varför upptäckte inte vi föräldrar? Okunskap och jag har alltid haft i mitt huvud att "alla är olika och inte av samma virke" , behandla dem därefter OAVSETT diagnos. Om Aspergers tänkte som alla andra som sett Rain man. Men min dotter har aldrig varit någon hemmasittare eller haft depressioner, jag vet inte men kanske beror det på att kraven hemifrån inte varit för höga. Hon är om man beskri-ver med ett ord en ganska förnöjsam tjej, men få vänner. Men har absolut de svårigheter som ingår i både ADD och AST diagnosen Idag gör min dotter sin praktik på ett dagis och hela helgen har hon längtat efter idag, måndag. Så hon har hittat sitt arbetsområde.

Men varannan vecka frågar jag skolan om de fått medel till elev-assistenten…

Det komiska är att den gamla skolan har fortfarande en bild på min dotter å hennes klasskompisar på hemsidan där det står "möjlighe-ternas skola, lägger tyngdpunkt på baskunskaper, trygg inlärnings-miljö mm".

Så jävla ironiskt.

//Mamma Marie.

65. AUTISM

ATT LEVA MED EN AUTISTISK POJKE ÄR INTRESSANT PÅ MÅNGA VIS. Min lille kille är diagnostiserad sen 3 års ålder, idag är han 4 år, med högfungerande Autism. Det blev så klart en chock när man fick besked om Autism och det är svårt förstå.

När man satt där på BUP och fick läsa diagnosen så funderande man hur man skulle hantera den. På förskolan kallade vi till möte med rektor och alla inblandad. Där diskuterades hur man skulle kunna hjälpa denna lilla 3-åring med hans behov. Samtidigt var det svårt se hans brister då man inte ser det på honom. Så egentligen hände väl inget. Efter de fått veta av hans funktionsnedsättning så märkte de av lite saker på förskolan,men det var ytterst lite. Inte konstigt då kunskapen om Autism är väldigt liten där ute även på förskolan. Lite linjer drogs upp och en av hans fröknarna har arrangerat sig i hans behov lite mer,men ska sägas på hennes arbetstider. Skolpedagog följer han nån timme vecka och sen har de tydligen nån träff om de behöver. Men någon resurs blir det inte trots alla rekommendationer. Man ringer och pratar med rektorn om detta och hon tycker att de gör vad de anser är bäst och tycker det fungerar bra på förskolan. Ska man vara nöjd då? Hur blir det i framtiden? Kan man göra på nåt annat vis? Vad är bäst för pojken i dag och i fortsättningen. Ja jag lär mig nåt om Autism hela tiden. Och jag tycker jag har rätt att få rätt hjälp med detta!

//Orolig pappa

66. VÅRA "STÖKIGA" BARN I SKOLANS VÄRLD

VÅRT ÄLDSTA BARN, SOM SNART FYLLER 10 ÅR, HAR FÅTT EN DIAGNOS INOM AUTISMSPEKTRUM SAMT ADHD. De senaste åren har varit en mardröm för honom och oss alla i familjen på många sätt. Skolans roll i detta har varit helt central. Med denna berättelse vill jag lyfta fram en del problem i skolans värld, men också de många duktiga och fina människor som arbetar just i skolan och gör ett väldigt bra jobb.

Vårt barn var en ganska glad liten krabat i förskolan, och trivdes bra i denna lilla värld på det föräldrakooperativ han gick på. När han började i skolan - en kommunal skola - ändrades det mesta. En stor värld öppnade sig med en lärare på 27 barn. Det gick sakta men säkert utför - i första klass och med de ökade kraven på att sitta still i ett klassrum, mådde han jättedåligt. Hans lärare hade inte tid att se hans svårigheter, och hon skickade dagligen ut honom ur klassrummet, och menade på vårt första utvecklingssamtal att han helt enkelt behövde sluta "provocera i klassrummet". Hon var också förargad över att han kladdade så mycket med maten när han åt lunch i matsalen - kunde inte vi föräldrar lära honom att äta med bestick? Kort sagt - en lärare som varken hade tid att se eller kunskap att förstå att vårt barn inte hoppade upp från sin stol och spillde mat med flit. Vårt barn blev ledsnare och ledsnare, och började tycka mycket illa om sig själv. Vi föräldrar var förtvivlade, och hade möten med skolan där vi uppmärksammade rektorn på lärarens förhållningssätt.

Efter att vi föräldrar kontaktat BUP och utredningar gjorts i drygt ett år, fick han till slut sin Autismspektrumdiagnos. Vi föräldrar krävde att skolan skulle låta vårt barn sitta i ett mindre rum med en egen pedagog. Och nu hade skolan fått en ny rektor - som lyssnade på oss! Hon ordnade en i huvudsak väldigt anpassad tillvaro för honom, och förstod våra argument om varför inkludering inte passade så bra. I två terminer hade han all sin undervisning i ett eget litet klassrum (ibland med några andra barn), men lekte med kompisarna på rasterna. Tyvärr räckte inte dessa åtgärder ända fram, och rektor och vi föräldrar var överens om att han behövde gå på en mindre skola anpassad för barn med hans problematik.

Vi sökte många skolor, men platserna var få och köerna långa. Rektorn skrev då en mycket bra ansökan till en kommunal enhet, där vår son till slut fick plats. Han har nu börjat där, och fast vi har många synpunkter på hur hans tillvaro där är ordnad, och hur personalen ibland hanterar barnens svårigheter, är vi ändå nöjda. För så illa som det var när han gick i 1:a och 2:a klass kan det nog aldrig riktigt bli, tror vi.

Och varför blev det då så dåligt? Jo - hans lärare var alldeles för okunnig om neuropsykiatriska diagnoser. Alla i skolans värld behöver få mer fortbildning kring dessa diagnoser, eftersom de utgör ett osynligt handikapp som man inte alltid kan veta vem som har. Ofta har de barn som rent allmänt anses vara "jobbiga" sådana diagnoser, men att vuxenvärlden ännu inte har förstått detta. Vårt barn har av sin tidigare skola blivit avfärdad som ouppfostrad, trots att vi föräldrar upprepade gånger försökt visa att han inte har blivit "uppfostrad" varken "bättre" eller "sämre" än andra barn. Dessutom gick han i en så stor klass - en sådan stor miljö är problematisk både för barn med och utan neuropsykiatriska svårigheter. Hur ska barn med osynliga funktionshinder kunna bli sedda som de är, och få hjälp med sina svårigheter, när en lärare har 27 barn att försöka se och lära känna?

Min berättelse visar på en attityd som jag tror finns inom skolan mot "stökiga" barn. Om vårt barn hade uppmärksammats på ett annat sätt, om någon pedagog hade sett hans svårigheter, om han inte hade behövt vänta på att få hjälp under hela BUP-utredningen, om hans klass hade varit mindre om hans lärare hade haft mer kunskap osv, hade hans lidande minskat väldigt mycket, och han hade kunnat få det stöd han behövde mycket tidigare, istället för att bli utkastad från klassrummet.

Vi föräldrar känner oss så ledsna för det som har hänt. Andra föräldrar har nu en negativ bild av vårt barn som stökig, och vi känner oss misslyckade som föräldrar – fast vi inte är det! De skulle bara veta hur mycket vi har kämpat för att vårt barn skulle få hjälp!

Den personal som arbetade med vårt barn har, förutom hans lärare som beskrivits ovan, varit fantastiskt bra och fina mot honom. De har visat stort tålamod och intresse för hans skolarbete och sociala tillvaro i skolan. Utan dem hade denna berättelse varit enbart sorglig. Vi är så tacksamma mot rektorn, som tog våra argument på allvar. Jag tror tyvärr att detta hör till ovanligheterna i dagens skolvärld.

//Våra "stökiga" barn i skolans värld

67. DET FINNS BARA EN LÖSNING; KUNSKAP!

VI SITTER PÅ BUP OCH TAR EMOT UTREDNINGSRESULTATET. Moa har inte ADHD. "Men vad är det då som är problemet?". Kuratorn med socionomutbildning svarar "hon har tagit makten i familjen och nu måste ni ta tillbaka den. Vi föreslår att ni kommer hit med henne och så filmar vi när ni leker i sandlådan. Vi ska hjälpa med samspelet er emellan."

Vi går hem, nedstämda och förtvivlade. Vi har inga verktyg med oss från vården. Det som till en början gav oss hopp ledde till en ännu starkare känsla av maktlöshet. Vem kan hjälpa oss om inte vården kan?

Moas ilska efter skolan, raseriutbrotten, den totala oflexibiliteten, kraven på att leken med andra ska vara på hennes villkor, kravet på att det ska vara viss mat varje dag, oförmågan att sätta sig in i resten av familjens behov, känsligheten för stimuli, svårt för platsbyten och växlingen mellan lektion och rast, intensiteten i alla leker som resulterar i ett kaos runt henne, distanslösheten i kontakten med nya människor, missförstånden som uppstår mellan henne och omvärlden. Är det för att hon har tagit makten?

Genom åren har vi sett ett tydligt mönster, Moa mår mycket bättre av struktur och förutsägbarhet. Det har vi kommit på själva, så vi berättar för skolan vad dottern behöver för att må bra. Läraren lyssnar och svarar att "skolan ser inte ut som den gjorde när vi var små. Idag går ämnena in i varandra och man kan inte säga när svenskan börjar och matten tar vid". Jag insisterar, kan de inte göra det mer begripligt för henne hur skoldagen kommer att se ut. Jag får ingen respons.

På eftermiddagen när jag hämtar Moa på fritids håller hon sig samman tills hon är i kapprummet. Sedan börjar hon skrika och dra i mig. Samma sak hände de föregående dagarna. Hon gråter samtidigt och jag förstår inte vad hon vill. Men blickarna från de andra föräldrarna visar att jag borde veta. Så mycket förstår jag, hon är utmattad, ännu en dag i skolan utan anpassning utifrån hennes förmåga. Den här dagen har varit lika ostrukturerad som de andra. Jag går genom staden, hem till lägenheten och maktlösheten. Ingen kan hjälpa oss trots att vi ropar på hjälp.

Räddningen blir ett nätverk med föräldrar till barn med särskilda behov. Många har liknande erfarenheter som oss. "Sök hjälp någon annanstans" är uppmaningen och "BUP kan ingenting om neuropsykiatriska funktionsnedsättningar. Särskilt inte om tjejers symtom".

Två år senare är skolpersonalen inbjuden till skolkonferens på Barnneuropsykiatriska kliniken i Göteborg (BNK). Moa har fått diagnosen Autismliknande tillstånd och OCD (Tvångssymdrom). Psykologen berättar vad skolan behöver tänka på för att Moa ska kunna ta till sig undervisningen. Jag håller tårarna tillbaka. Det hon säger har jag och pappan redan berättat. I två år. Men ingen har lyssnat.

I höstas började Moa på högstadiet. Byte av skola och ny klass innebär stora påfrestningar. Vi kallade till ett möte innan sommarlovet med rektorn, specialpedagogen från den gamla skolan och den nya specialpedagogen. Vi berättade om Moas behov och lämnade över utredningen från BNK. Inför skolstart tog jag kontakt med specialpedagogen igen. Jag uppdaterade henne på den information vi överlämnade innan sommarlovet. Hon sa att informationen var vidarebefordrad till berörda lärare.

De första veckorna efter skolstart kommer Moa hem, tar av sig kläderna, duschar och går och lägger sig. Ingen får komma in i hennes rum. Hon är trött och utmattad. Jag känner igen symtomen från alla år vi har bakom oss. Jag frågar henne om hon får stöd med att hitta till olika klassrum, få med sig rätt böcker och papper till lektionerna, "nej, det behövs inte." På frågan om hon får stöd med någonting överhuvudtaget är svaret "nej, det behövs inte". Och känslan infinner sig igen. Känslan av att jag inte orkar mer. Någon annan får ta över. Men vem skulle det vara? Vem tar ansvar för barn med osynliga kognitiva funktionsnedsättningar? Vem/vilka förstår allvaret?

Innan höstlovet kommer ett mejl från klassföreståndaren. Moa saknar sin skåpsnyckel. Den har varit borta i två månader. "Det är förklaringen till att hon släpar med sig jackan och väskan överallt". Han tillägger att engelskläraren säger att Moa aldrig har sina böcker med till lektionerna. Jag svarar att så blir det när ett barn med en neuropsykiatrisk funktionsnedsättning förväntas klara sådant som hon inte kan utan stöd, vilket vi har berättat gång på gång. Varför är det ingen som tar informationen på allvar?

Jag vidarebefordrar informationen till pappan via sms. Han svarar "Tröstlöst." Och ja, det är tröstlöst så länge lärare och specialpedagoger inte får läsa om neuropsykiatriska funktionsnedsättningar på sina utbildningar. För förståelsen finns inte. Det handlar ju om ett annorlunda sätt att bearbeta information, något som pedagogerna måste känna till för att kunna ge dessa barn en chans att klara sig i skolan.

Det finns bara en lösning; Kunskap! Gustav Fridolin, jag hoppas att du som har makten att förändra omgående arbetar för att obligatoriska kurser i NPF införs på alla pedagogutbildningar. Det blir en samhällsvinst på många plan, barn med NPF får chans att utveckla en god självkänsla, färre sjukskrivningar bland utmattade föräldrar, och lärare som slipper känna att de ska lösa något som de inte har kunskap om.

//Anonym

68. MEN HAN VILL JU INTE JOBBA

MIN SON BÖRJADE 4:AN MED GLAD FÖRHOPPNING SOM ALLA ANDRA.
Efter ett par veckor dök han plötsligt upp utanför dörren hemma, på förmiddagen eller när som. Han sa att han inte ville gå i skolan, att han hatade fröken, att han somnade på lektionerna.

Jag följde med till lektionerna. Såg en trött oengagerad lärare som tyckte att mitt barm var besvärande, som inte hade tid och förhållningssätt som kunde få med honom i vad som hände på lektionerna. Och en klass på 29 barn till som behövde sitt.

Först fick min son vara mer hos specialläraren, men hon var helt stressad över att ha ännu mer jobb.

Efter mycket tjat från mig sattes en lärarstudent in som skulle hjälpa till. Några veckor senare frågade hon om det fick bra att hota med att ringa mamma och pappa för att få honom att förstå att han måste jobba mer och inte springa och gömma sig(?!).

Efter höstlovet skulle hon sluta. Då beslutades att han skulle börja i lilla gruppen. Vi tänkte att här finns det kunnig personal med strategier och tydlighet och rätt sätt att motivera… Till jul höll det.

Efter jullovet blev det som att hamna i en krigszon.

Det var för många barn, stökigt och den lärare som jobbade med vår son använde hot, straff och skuldbeläggande som motivationsmetod. Vår son blev utåtagerande, ledsen och helt personlighetsförändrad. Jobba i skolan totalvägrade han. Till slut tog de in lärarens son (!) som resurs och det enda de fick min son att göra var att spela Minecraft.

De hade aldrig (!!) stött på ett barn som totalvägrat så. Jag föreslog dataprogram, utbildning, SPSM, konsult utifrån. Inget gehör från skolan. Det var ju "så viktigt med samarbete" tyckte de och ringde varje dag och ville att vi skulle komma dit. Sonens pappa satt på måndagar och planerade tillsammans med läraren och sonen vad som skulle göras under veckan!

Till slut (trots samtal ett år innan) fick vi utredning för sonen. ADD och dyslexi visade det sig.

Som tur var blev rektor sjukskriven i mars. Vi anmälde även skolan till Skolinspektionen, och DÅ började det hända saker. Den tillfälliga rektorn handplockade 2 lärare från tidigare S:t Örjans skolor och ny specialpedagog till lilla gruppen som startade upp inför höstterminen i 5:an. Vilket team!! De lagade min son.

Tänk att det kan gå så fort att ha sönder ett barn och att det tar så lång tid att laga det!!! Nu i 6:an är det något sorts cliffhanger i ny skola , där sonen inte vill ha extra undervisning i studio p g a sina dåliga erfarenheter och att han inte vill sticka ut, men att han klarar vanlig klass bättre tack vare medicin och mognad.

Men det är så sårbart. Vi vågar inte släppa kollen.

//Anonym

69. FÖRTVIVLAD LÄRARE

KLASSLÄRARE MED MÅNGA ÅRS ERFARENHET SOM BÖRJAR KÄNNA EN STOR FÖRTVIVLAN. Vi ska inkludera alla men utan några resurser. I klassen är det nu 22 barn. 6 barn med utredningar och 2 som ska påbörjas (språkstörningar i olika nivåer, låg impulskontroll, dyslexi och långsam inlärning). Alla mål ska nås och alla ska ha sitt individuella stöd på endast helklasslektioner (1 halvklass/grupp och vecka).

Jag vet inte hur det är tänkt att nå fram och ge alla en demokratisk rättighet till utbildning. Jag känner mer och mer att det är barnpassning med eget dåligt samvete av att inte nå fram och höja nivåerna för varken de svaga eller starkare eleverna. Jag efterlyser inte specialklasser men drägliga förutsättningar med kompetent personal med utbildning.

Var finns alla speciallärare och talpedagoger? De behövs ute på skolorna NU! Vi inkluderar inte då vi bara låter alla vara i ett rum med 1 pedagog och tillfälliga fritidskontakter. Jag har även suttit på andra sidan bordet med eget barn med särskilda behov och ser verkligen inte ljust på det från den sidan heller.

Dags att agera och ge barnen en rättvis möjlighet till utbildning med eller utan diagnoser.

//Än så länge lärare, vet ej hur länge till!

70. ATT KASTAS HIT OCH DIT

HAR EN SON PÅ 12 ÅR MED DUBBEL DIAGNOS ADHD/AUTISM, JAG SKA FÖRSÖKA GÖRA EN LÅNG HISTORIA KORT. Jag har dragit denna story så många gånger att jag gör det på rutin. Han har haft problem redan på förskolan där han blev behandlad som om han var sjuk och smittade andra med sina diagnoser, han blev tvingad att gå på toaletten offentligt så han klarar än idag att inte gå på allmänna toaletter osv förskolepersonalen ägnade sig åt ren mobbning och allt var sonens fel till och med de dagar han inte var där! Han kom till sin hemskickade i 1an och snabbt fick han byta skola då han inte passade in, när den nya skolan la ned sin specialklass fick han komma tillbaka till hemskolan, där de sa att han "bara" hade en diagnos och då får man ingen hjälp!? Senare fick han diagnos två Autism och då var det annorlunda, men de ville inte ha kvar honom och han fick byta skola igen! Där blev det liten klass, anpassad studiegång och det verkade ljusna! Men lagom till sommarlovet fick vi ett "kärleksbrev" från skolan att "till hösten blir det inkludering, nya klassrum och nya elever" ruta ett med andra ord! Detta skickar man på post, inget möte! Nu dalar det nedåt igen och jag vill att han tar igen åk 6 pga att han ligger efter och har aldrig fått godkänt i något ämne, någonsin. Han har glidit igenom alla skolår med att inte uppfylla kunskapskraven, jag har kontaktat hemskolan och nuvarande skola om mitt önskemål men det sägas, de använder ursäkten att han är så lång och stor kroppsligt att det kommer inte gynna honom att gå ett extra år! Problemet är inte det, för att när han börjar 7:an kommer han att tillhöra en annan skola som kommer att stå för fiolerna.....

//ADB

"Jag är ett av alla de barn som inte haft vänner eller passat in någonstans i den 'vanliga' skolan."

71. LÅT VÅRA SPECIALSKOLOR FÅ FINNAS KVAR!

JAG ÄR EN FLICKA PÅ SNART 9 ÅR. Jag har Autism, ADHD & Tourettes. Jag är ett av alla de barn som inte haft vänner eller passat in någonstans i den "vanliga" skolan. Jag blev intvingad i den vanliga kommunala skolan genom den nya skollagen som anser att alla barn ska inkluderas idag.

I skolan blev jag utanför och retad. Ingen ville vara med mig på raster eller på fritiden. Skolan ansåg att jag skulle ta för mig mer och träna på det sociala. Med allt utanförskap växte min inre ilska och konflikterna blev fler för var dag som gick. Jag avskydde skolan och alla elever som gick där. De gånger det var kalas blev alla bjudna utan jag. Det tisslades om kalasen för att jag inte skulle få veta...Det fanns föräldrar som ringde hem till min mamma och sa att dem inte ville att deras barns skulle umgås med mig då jag bara slogs och bråkade.

Lärarna trodde att genom hård disciplin och struktur så skulle dem få ordning på mig.

Tänk dig in i att vara en elev med funktionsnedsättning i skolans värld där ALLA barn idag ska INKLUDERAS.

Varje dag är en kamp för att överleva mentalt.

Du kommer till skolan och på den stora skolgården är det extremt mycket intryck från barn som springer runt, ljud från elever som

skrattar och skriker. Skolgården är stor och obehaglig. Ditt funktions-
hinder Autism gör att du har svårt för stora miljöer så som skolgårdar,
torg och city.

När klockan ringer in då ska alla barn stå i kö.

Ditt funktionshinder ADHD säger att du inte klarar av att stå i kö
och vänta på din tur. Det slutar med att du knuffar en elev i ryggen
och bråket är igång. Den impulsstyrda delen i funktionshindret kan
du inte styra över det bara kommer...

När läraren öppnar dörren till kapprummet då ska alla stå tyst i
ledet vilket du inte klarar pga din Tourettes som gör att du säger fula
ord och ticsar.

Läraren säger till dig på skarpen att du måste vara tyst som alla
andra i ledet!

När ni går in då ska alla hälsa på läraren och ta i hand.

Din OCD/ Autism gör att du får panik då du inte kan ta andra
personer i hand.

På skolan ska ALLA göra detta även du då du ska INKLUDERAS!

I kapprummet är det stökigt och hög ljudnivå och utbrottet
kommer efter att hållit tillbaks allt ute på skolgården. Ingen förstår
varför du helt plötsligt börjar bråka med en elev och du blir utvisad
tills du lugnat dig.

När du sedan få komma in i klassrummet blänger dina klass-
kompisar på dig och du är den där jobbiga eleven som ingen vill
umgås med.

Under lektionen har du fullt upp med att hålla fast dig i stolen för
att inte kana ner då du inte kan sitta stilla. Belysningen i klassrum-
met och allt sorl från läraren och elever som tisslar gör dig helt slut.

Det känns som om du kommer somna när som helst.

Pennan du har i handen är nästan uppäten då du gnager på den
för att orka stå ut 40 min lektionstid.

När så sen klockan ringer ut till rast då blir det åter kaos i kapp-
rummet och bråk uppkommer av att en elev kommer dig för nära och
ni misstolkar situationen.

Glåporden duggar tätt från dina klasskompisar och du är ensam
i den stora grupp du är tvingad att tillhöra pga den nya skollagen
INKLUDERING.

När du kommer ut på skolgården står du helst ensam i ett hörn för
att slippa bli arg eller retad.

Skolgården är enorm och hjärtat slår fortar bara du ska korsa skolgården. Att känna allas blickar och veta att dem tisslar gör obehaget ännu större.

När så sen lunchrasten börjar och du kommer till skolmatsalen och upptäcker att det är ris till köttgrytan då brister allt inombords. Då din känslighet för konsistens gör att du inte kan äta vad som helst väljer du att inte äta alls den här dagen heller...

Magen värker av hunger men obehaget av att det är ris gör att du måste stå ut tills du kommer hem.

När sen lunchrasten är slut då ska ni ha gymnastik. Din mamma har skickat med fel tröja. Den tröjan som är så svår att ta på själv. Det slutar med att du väljer att ha den tröjan du har på dig för att slippa få problem när du ska byta om. Duscha är det värsta du vet. Det gör ont på kroppen p g a ditt funktionshinder. Du väljer att inte duscha och ingen kommer märka nåt för du är alltid den som är långsammast i allt du gör och sist.

När så sedan skoldagen är slut och du går hemåt så slänger Pelle en boll i huvud på dig.

Du blir rasande och slår ner Pelle eftersom han har retat upp dig även under skoldagen.

Du hinner inte hem förrän Pelles mamma ringt och beklagat sig över hur du beter dig.

Rektorn kallar till möte och talar om att du är svår och att dina föräldrar måste prata med dig hemma. Skolan övervägen att göra en orosanmälan.

Dina föräldrar har kämpat i åratal med att få skolan att förstå att allt handlar om mer än att få en assistent till klassen.

Du känner hur din självkänsla bryter ner dig ännu mer och huvudvärken finns där dagligen och magontet växer varje kväll.

Du gråter och vill inte möta dina klasskompisar imorgon.

Din mamma säger att det är skolplikt och att hon inte kan göra mer än att tjata på rektorn om rätt stöd i form av en anpassad skola.

Det slutar med att du inte orkar leva du vill bara få slut på allt....

Du ifråga sätter din existens på jorden då känslan av att ingen vill veta av dig är så stark nu att du går på sparlågan..

Hit vill ingen att ens barn ska komma.

Tyvärr är det en regel mer än ett undantag idag.

//Malin, 9 år

72. UTAN FRAMTIDSTRO..

MIN SON ÄR NU 16 ÅR. Han har haft det bra. Han har fått hjälp att klara skolan genom Samverkansklass, få elever och många lärare. Han har ADHD, Atypisk Autism, Dyslexi och Matematiksvårigheter. I nionde klass tappade han framtidstron. Blev en hemmasittare. Han såg inte hur han skulle kunna gå i vanlig skola då samverkansklassen lades ner. Gymnasium i vanlig skola väntade. Vilken utbildning skulle han kunna klara av? Och hur ska han kunna tillföra arbetslivet något? Han tyckte att livet var slut.. Han kämpar sig fram i vanlig skola. Men kommer han få betyg? Han kämpar liksom mot ett misslyckande i "vanlig skola". Han behöver en skola som kan ge han massor med stöd och hjälp att klara av allt som man förväntas klara som gymnasieelev. Att komma i tid är bara det ett orosmoment när man inte kan klockan och inte har tidsuppfattning. Vi kämpar… han kämpar massor...Men ska det vara så? Att man som 16åring, bara i början av livet! Ska vara slutkörd för att man inte har en bra plats ens i skolan... Hur ska man då kunna lita på framtiden? Han behöver en samverkansklass i gymnasieform!!

//För Framtidstro åt ALLA!

73. INTE MINDRE KLASSER, MEN FLER LÄRARE...

JAG TÄNKER ATT MINDRE KLASSER GENERERAR FLER KLASSRUM, FLER LOKALER OCH DET KOSTAR. Men det vore obligatoriskt att det ska vara två lärare i varje klass, redan från åk 1, i ALLA klasser.

Den vanliga klassläraren som höll i planering och det mesta. Sedan en lärare som var med bara på lektionstider och vid vissa utvecklingssamtal. Denna lärare skulle vara pedagogiskt lagd och utbildad i NPF. Den fanns på plats och hjälpte de som hade svårigheter att komma igång, följer upp, hjälper med planering.

Om det här var som en naturlig bit i varje klass så skulle kanske inte de som behövde stöd känna sig lika utpekade. Barn fick växa upp med att vissa behöver mer hjälp i vissa saker och andra i andra saker.

Sedan i högstadiet så borde man kunna lösa att en klass har sitt klassrum och har möjlighet att ha sina saker på plats där. Vissa ämnen som tex kemi behöver såklart andra lokaler. Men vilken vuxen har olika arbetsplatser på en dag och materialet på ett annat ställe? Mycket förvirrande för en person med NPF att hålla reda på allt.

//Anonym

74. FRUSTRERAD MAMMA

EFTER ÅR AV KÄMPANDE MED SKOLAN BÖRJAR VI LANDA SÅ SMÅTT MED DE BESLUT SOM VI SJÄLVA TAGIT SOM FÖRÄLDRAR: viktigt att vara i skolans sociala sammanhang – mindre viktigt med läxor och höga betyg. Det tar emot lite att veta att sonens betyg inte kommer att stämma med hans kunnande. Skola/lärare som inte kan möta hans behov och rättighet till stöd. Nu är det viktigt att minska stressen och ångesten hos sonen. Det är tufft att leva med Aspergers och ADHD och att dessutom inte bli förstådd/trodd av omgivningen.

//Frustrerad mamma.

75. POJKEN SOM FICK HJÄLP TIDIGT I SKOLAN

UNDER MIN SONS UPPVÄXT HADE JAG EN MAGKÄNSLA AV ATT MIN SON SKILJDE SIG EN DEL FRÅN ANDRA BARN. Men det dök det aldrig upp några stora misstankar kring att han skulle ha speciella svårigheter eftersom jag fick höra av min läkare att det var normalt att vara helt slutkörd som småbarnsförälder och han fick alltid högsta betyg på BVC. Han var ju bara mer aktiv än de andra, mer kreativ, språkligt begåvad, vägrade somna på kvällarna och röjde när vi var på fester eller i större sammanhang. En riktigt alfahane. Han stormtrivdes på sin I Ur & Skur förskola och var ute i naturen året runt. Det enda jag och personalen reagerade på var att han kunde glömma bort sig i leken och glömma bort sina egna behov, att han var orädd och bufflig mot större killar, plötsligt vägrade äta grönsaker och frukt, väldigt känslig för vissa sagor och hade lite svårt för att ta instruktioner i grupp. Men det skulle växa bort, i övrigt var han väldigt kärleksfull, glad, kreativ, energifylld och omtyckt av kamrater och vuxna. "Det kommer bli något stort av honom!" fick vi ofta höra.

Så började han i förskoleklass och livet förändrades. Han klarade av skolan helt okej men vägrade lyssna på fröken ibland, gömde sig under bänken, bråkade med sina kamrater, fick raseriutbrott och tog väldigt illa vid sig av förändringar och orättvisor. På simskolan vägrade han lyssna på ledaren och gjorde som han själv ville.

Vi föräldrar engagerade oss såklart och försökte "uppfostra" honom ännu mer. Under vårterminen eskalerade det och han blev t o m våldsam mot en lärare. Fröken visste inte riktigt hur hon skulle ta hand om honom. Då tog jag ett viktig samtal med en vän som jobbar med NPF-barn och förstod att hennes beskrivningar stämde mycket väl överens på min son.

Ettan började och mycket rasade för min son, han kände sig plötsligt alldeles ensam, ingen ville leka med honom p g a hans beteende, han hade svårt att sitta still i klassrummet och att koncentrera sig på uppgifterna. Han fick inte gå kvar på scouterna ifall inte en av oss föräldrar konstant var med. På utvecklingssamtalet klättrade min son omkring på möblerna och i våra knän, pillade på allt han såg och ville inte svara på frågorna. Han ville bara där ifrån. Ilskeutbrotten fortsatte och vi inledde ett samarbete med BUP Funk och skolan. Det tuffaste var att få höra från en 7-åring att han inte ville gå till skolan och att han var så ledsen för att ingen ville leka med honom. För mig var skolan det bästa jag visste när jag var liten så jag förstod ingenting. Att ens barn är socialt utstött river hål på ens hjärta och jag kände sådan vanmakt när jag inte kunde göra något åt saken. Jag försökte ta reda på så mycket jag kunde på nätet och läste ihjäl mig om olika metoder och teorier, men ändå kändes det som att jag famlade i mörkret. Jag var dessutom inte där i skolan när det skedde, bland hans kompisar och kunde påverka. För mig inleddes en kamp för att hjälpa honom, för att få hans pappa att förstå och för att få skolan att ta det på allvar. En kamp som tyvärr ledde till att jag själv blev utbränd.

Men här sker något fantastiskt. Min son har turen att få världens bästa lärare i ettan. Som ser min kamp och till slut talar om för mig att jag kan gå hem och vila, för när han är på skolan är det dem som ser till att han har det bra. Det är deras uppgift. De ser till att min son får mycket stöd av en resurs, de ger honom specialregler i klassrummet, de anpassar hans inlärning och de bemöter honom med positiv förstärkning hela tiden. Behöver han ta pauser så får han sitta på en matta och läsa serietidningar. De stöttar mig i att även få det att fungera bättre på fritids där struktur och ordning är mindre. När han börjar tvåan beslutar lärarna och rektor att han ska få ha samma resurs på heltid fastän de fått avslag på pengar från kommunen. För de har sett hur bra det har gått för honom med en resurs, hur mycket lugnare han blivit, vilket fint samarbete de har och vilka resultat det har gett både socialt och kunskapsmässigt på bara en termin. På ytterligare tre månader sker stora framsteg. Vid senaste utvecklings-samtalet sitter min son still på stolen hela tiden och svarar lite blygt på lärarnas frågor. Vi vuxna var stumma av förvåning och mycket stolta. Min son är nu 8 år och han börjar tycka det är okej att vara i skolan, han är smart och börjar förstå varför man lär sig saker och han blir mer och mer självständig. Han använder sina pedagogiska metoder för att lära sin lillasyster saker och kommer sjungandes till skolan. Jag får konstant förklara nya sociala situationer för honom men skolans rutiner sitter som en smäck.

Tro det eller ej, men vi väntar fortfarande på en riktig utredning. Förutredningen som antydde ADHD och autistiska drag gjorde vi för ett år sedan och sen har det varit kö. Trots detta satsar min sons kommunala skola på honom, det är en gudagåva för oss och jag känner en enorm tacksamhet. Jag läser många andra berättelser om barn som far illa och som inte får något stöd. Det är inte klokt, ska ett barns framtid handla om tur eller är det en rättighet? Jag har en positiv tro på framtiden och vet att det kommer ordna sig för min son. Men på hans och andra skolor finns det många barn som också behöver extra stöd. Som behöver resurser bekostade av kommunen och inte skolorna. Så att klassrummen blir lugnare, kunskapsmålen uppnådda, men framförallt så att alla vackra barns potential blir omhändertagen och kultiverad så att vårt samhälle kan blomstra ännu mer!

//Mamman som tror på förbättring

76. DJUR BEHÖVER INTE GÅ I SKOLAN

—**SKOLAN FÖRSTÖR MITT LIV!** Det säger min dotter som blivit utbränd av skolans okunskap. Hon är på sin andra skola har Autism med språkstörning. Jag hennes mamma ska tvinga henne till skolan trots att hon inte orkar eller vill dit, annars blir jag anmäld till socialen! Jag och min familj kämpar varje dag med skolan men inget ändras. Vi blir sjuka men skolan fortsätter som vanligt med samma åtgärdsprogram och struktur trots våra synpunkter. Samma tänk ger ingen ändring! Vi väntar i limbo tills skolplikten slutar. Varje morgon väcker jag min dotter och hon svarar -" Jag hatar skolan och vill bli ett djur så slipper jag skola. Riktigt dåliga dagar vill hon dö för att slippa! Min dotter blev utbränd första gången i fyran och sen i sexan och har nu varit sjuk i några år. Är numer hemma på heltid. Vi lever utanför samhället med inga insatser eller stöd...

/Maria

77. 2014?

FÖR TRE ÅR SEDAN NÄR MIN 6-ÅRIGA SON BLEV UTREDD PÅ BUP, önskat av mig som förälder, och jag pratade med förskolepersonalen blev jag första gången chockad över skolpersonals okunskap om neuropsyki-atriska tillstånd. "Aspergers och ADHD har jag hört talas om men jag minns inte vad de innebär". Tre år senare blir jag fortfarande lika led-sen och besviken för personalens återkommande kommentarer "XX ser så glad ut". Ja, han ser glad ut. Det är det ansiktsuttryck han alltid har. Han kan inte visa andra uttryck än detta. Man behöver fråga honom hur det är - då kan han börja gråta förtvivlat. Troligen kan han berätta vad han är ledsen över men andra känslor har han svårt att uttrycka även verbalt. Detta ar EN av hans svårigheter. Tack och lov har min son en underbar klassföreståndare och en egen assistans som är fantastisk. Men övrig personals återkommande oförståelse, även om de är jättesnälla och tycker om min son, bidrar till min kroniska oro kring min son och sorg över hur lite många människor vet om dessa svårigheter som så många familjer kämpar med livet ut.

//XX:s mamma

78. SPECIALSKOLAN BLEV EN VÄNDNING

VÅR SON BLEV I STORT SETT UTSPARKAD FRÅN DEN VANLIGA SKOLAN.
Han var livlig och lekte med pinnar och hade svårt att komma in i
leken med andra barn. Efter flertal möten med rektor och lärare på
BUP blev vi hotade om " att tar ni inte ert barn ur skolan kommer
flera föräldrar att ta sina barn från den". Det glömmer jag aldrig.
Föräldrar som behandlade mig som luft. Vår son var hemma och jag
blev sjukskriven p g a depression. Hela familjen drabbades. Det var en
fruktansvärt jobbig tid. Han var hemma i många veckor. Sen fick han
diagnoser: Aspergers och ADHD.

En vänlig och förstående människa på kommunen hjälpte oss att
byta till en specialskola. Det blev en vändning. Där fick han den hjälp
han behövde av lärare med specialistutbildning inom NPF.

Nu går han i nian med fina betyg. Han går fortfarande i en special-
skola för barn med Aspergers/Autism och det hade aldrig gått i en
vanlig klass på 30 elever.

Att integrera barn i vanlig skola kommer att leda till utanförskap,
dålig självkänsla och mobbning tror jag. Låt dessa barn få ha sin
fristad. Där de får vara sig själva och känna sig respekterade.

//Mamma till 2 med extrabehov

79. KUNSKAP OCH FÖRSTÅELSE HJÄLPTE KARL

DET BÖRJADE I ÅRSKURS 5. Karl hade ont i magen, huvudet och
började få hög frånvaro från skolan. När han väl var i skolan fick han
jobba hårt för att komma i kapp. Till slut kom ångest och Karl orka-
de inte komma upp ut sängen. I årskurs 6 hade Karl 60 % frånvaro.
Vi pendlade mellan hopp och förtvivlan. Hur mår han idag? Orkar
han med skolan idag? Osv. Skolan hade inga resurser eller kun-
skap. När han var 13 år fick han sin diagnos. Aspergers syndrom.
Högstadietiden var tre år av kämpande. Karl fick gå i en liten grupp
med två kompetenta lärare då vanliga skolan inte funkade alls. Där
fanns ingen kunskap och kompetens om Karls funktionshinder och
diagnos. Lilla gruppen funkade ganska bra men vi föräldrar fick sitta i
många möten med rektor och strida för Karls rättigheter.

Karl gick till slut ur nian med betyg i 7 ämnen tack vare de 2 underbara lärare i den lilla gruppen som kämpade och hjälpte Karl. Han kunde söka gymnasium. Nu går han första terminen på gymnasiet. Han läser el programmet och det går bra. Där finns kompetenta lärare med kunskap och erfarenhet av olika behov hos eleverna och klassen består av 8 elever vilket underlättar den sociala biten för Karl. Han trivs och det går bra. Vi tror inte det är sant. Hela familjen mår nu bra och vi ser hur vår son utvecklas och hur hans självkänsla blivit bättre.

Kunskap och kompetens i hop med erfarenhet har gjort stor skillnad för Karl. Att få läsa praktiska ämnen som är intressanta och roliga höjer motivationen och lusten att lära. Äntligen känner Karl att han kan som alla andra!

//Ingela

80. DESILLUSIONERAD MAMMA

DOTTERN GICK I EN VANLIG SKOLA TILL OCH MED FEMTE ÅRSKURS. Fick hjälp och låg före i kunskaper till och med, för så gedigen hjälp fick hon av specialpedagog. Hon började sin sjätte årskurs i anpassad verksamhet. Här har inte varit nån självklarhet med stöd av specialpedagog och kunskapsinhämtandet stannade av. Det tog tre år, en jävla massa tjat och påtryckningar innan hon med drygt en termin kvar i grundskolan åter fick stöd i matte av en specialpedagog. Den s k puff paragrafen tillämpas inte på den här skolan när det kommer till att inte klara kraven för godkända betyg p g a funktionshindret hon har, så hon kan vinka adjö till betyg i gymnastik för att hon inte kan orientera med karta och kompass eller dansa i takt.. Hon behöver hjälp att tänka i steg för steg utifrån inlärda strategier när hon ska lösa problem i stunden. Då funkar inte hemkunskap, no, kemi, fysik, matte etc. Trots att hon har kunskaperna. Betygskriterierna idag är till för att slå ut ungdom med NPF... så är det.

//Desillusionerad mamma

81. ÄNTLIGEN BLEV DET NÅGORLUNDA RÄTT I ALLA FALL

ÄLDSTE SONEN HAR SEDAN VI FLYTTAT TILL ANNAN DEL AV SVERIGE HAFT SVÅRT MED ATT FÅ RÄTT STÖD I SKOLAN. Han gick i mellanstadiet när vi flyttade & när det börja de närma sig att välja skola inför högstadiet var vi mycket tveksamma till de kommunala skolornas sätt att hantera barn med Autism/ADHD som sonen har. Vi valde att i första hand söka en privat skola i staden & fick där ett bemötande av rektor som jag inte trodde kunde finnas.

Klart pojken skulle ha resurs om det var det som fungerat tidigare, om det visar sig att han inte har behovet så plockar vi bort resurs, men vi ska ju inte köra honom i botten det första vi gör.

Han hade i åk 6 tappat allt förtroende för lärare & övrig skolpersonal som hela tiden menade att han hittade på att det var jobbigt i stort sett.

Då han var lätt skoltrött så fick han anpassad skolgång med halv dag i skolan som successivt ökades. Idag går han hela dagar & har själv påpekat att han vill dra ner på tiden som hans resurs finns med honom.

En skön känsla när det började fungera.

//Aneand

82. "JAG ÖNSKAR MEJ EN LEKSAK SOM KAN BERÄTTA FÖR MEJ HUR JAG SKALL BETE MEJ"

DET VAR SÅ ALLT BÖRJADE, ÅTGÄRDSPROGRAM OCH IUP. De blev tjockare och tjockare, sonen blev mer o mer inåt och nedstämd. Jag som mamma fick nog den dagen sonen kommer hem o säger att han önskar sig en leksak som han kan bära med sig överallt som hjälper honom med vad han skall göra, när och hur. Då brast det och våran resa började med Skolinspektionen och BUP. En anmälan gällande särskilt stöd, 3 av 4 punkter fick vi rätt på. VÄNDA1. Nu är vi inne på anmälan nr 2 till Skolinspektionen. Denna gången hann sonen bara få sina diagnoser ADHD och Atypisk Autism. Sen blev det konflikt i skolan och SPECIALPEDAGOGEN HOTADE sonen men att dra in fredagsmys, ringa mamma, sa att om man inte sköter skolan kan man inte bli snickare utan kommer bli en tiggare. Nu va det nog på riktigt. Behandlar man ett barn så när dom precis fått veta att man har dessa funktionsnedsättningar? Alla borde väl veta att bestraffningar och ADHD/Autism inte klingar ihop. Vi höll sonen hemma en hel vecka, anmälan nr 2 till Skolinspektionen gjordes, denna gången gällande kränkning på elev. I dag har sonen fått en resurs och det har jag kämpat för sen han började fklass. Att man som mamma ska behöva stånga sig blodig för att komma nånstans är helt otroligt. Som om vi inte har nog hemma? Som om det inte finns fler barn i vår familj? Allt kretsar just nu kring den äldsta sonen. Detta borde vara en rättighet för det är inte barnens fel att det blir tokigt. Deras impulser och deras svårigheter skall inte stoppa dom från att utvecklas, dom skall inte känna sig rädda för att gör fel eller få skäll. Bokstavsbarnen skall ha samma rättigheter i samhället som alla andra. Det finns t o m en skollag som säger det men en budget är det ändå som styr. Helt sinnessjukt, barnen är vår framtid och borde inte vara en fråga om budget. Alla är vi olika och det är underbart! Men att behöva kämpa i motvind för man inte har samma förutsättningar som andra barn borde vara förbjudet. Alla barn ska få lov att utvecklas och känna att dom kan och är det en assistent som behövs i skolan så ska det inte vara en budget som styr det.

Kommer aldrig ge upp för min son han har samma rättigheter som alla i dagens samhälle!

//Stolt mamma till ett bokstavsbarn

83. 8 ÅR OCH OFÖRSTÅDD

"DET ÄR SOM ATT VARJE ORD JAG SÄGER flyger in i ett kassaskåp och fröken har inte koden till kassaskåpet."

//Pappa Stig

84. NÄRMARE 250 MÄNNISKOR DRABBAS KRING EN PERSON UTAN STÖD

KIM FÅR ETT UTBROTT PÅ MORGONEN OCH VÄGRAR GÅ TILL SKOLAN. Någonsin. Aldrig mer skriker han! Så mamma måste stanna hemma, pappa åker till jobbet för han har möte, men hans tankar vandrar hit och dit. Hur skall han göra för att hans son skall må bra? Jobbet blir lidande, hans arbetskamrater får jobba dubbelt så mycket.

När Kim väl kommer till skolan får han inte det stöd han ska ha. Han behöver hjälp med att fokusera på att läsa, sätta igång olika skoluppgifter, hur man närmar sig andra barn och hur man leker.

Förutom att det blir bråk på skolgården blir det otroligt stökigt i klassrummet eftersom Kim inte får det stöd han skall ha. Hans klasskamrater lackar ur och lektionerna blir olidliga. Ingen lär sig någonting. Och klasskamraternas familjer blir förbannade och griniga för att det inte finns någon som kan hjälpa till i klassrummet. De ringer rektorn och huvudläraren och klagar och vissa elever flyttar från skolan för att det är ohållbart. Samtidigt funderar Kims lärare på om han skall fortsätta som lärare. Kommer hem och är riktigt irriterad, känner sig otillräcklig och får problem med att sova och försummar sitt jobb och sin familj.

Mamman hinner inte med det hon skulle göra och en stor kund säger upp sitt avtal på grund av det. Det gör att de på jobbet måste avskeda två personer. Mamman har jobbet kvar, men hela släktens energi slukas av att en liten kämpande person inte får det stöd han har rätt till.

Det här är en alldeles för vanlig historia där en hel kedja av människor påverkas. I den här berättelsen drabbas närmare 250 människor av att EN inte får rätt stöd.

Ungefär så här hade vi det innan vi fick stöd och hjälp. Det var stigmatiserande att inte får rätt stöd och hjälp. Inte att vår son fick gå i skolan i liten klass med sju elever, en lärare och en resurs.

Det finns lika många lösningar som det finns familjer – "liten klass" kanske inte är rätt väg för en annan familj. Men det var i alla fall vår väg. Låt det finnas många vägar till ett gott skolliv.

//Jessica Stigsdotter Axberg
Författare, föreläsare och ADHD-förälder

"I den här berättelsen
drabbas närmare 250
människor av att EN
inte får rätt stöd.
Ungefär så här hade
vi det innan vi fick
stöd och hjälp. Det var
stigmatiserande att inte
får rätt stöd och hjälp.
Inte att vår son fick gå
i skolan i liten klass med
sju elever, en lärare och
en resurs."

85. DYSKALKYLI I GYMNASIET

IDAG KOM MIN SON HEM FRÅN SKOLAN GANSKA UPPGIVEN. Han är 16 år och går första året på gymnasiet. Han fick diagnosen dyskalkyli i femman och matte har varit en kamp för oss alla. Han kämpade som ett djur för att klara E på högstadiet.

Tillbaka till provet idag. Han skulle få sitta längre i ett annat rum än de andra och han har rätt att använda miniräknare vilket han inte fick. Han hade haft så jobbigt att hela kvällen var förstörd. Matteläraren kan absolut inget om dyskalkyli och kan inte ens säga ordet :-(

Dyskalkylin innebär att han knappt vågar handla själv. Har kan inte analoga klockan och många för oss lätta saker blir läskigt svåra.

//Uppgiven matematikmamma

86. E-RESURS BLEV SONENS RÄDDNING

MIN SON PÅ 16 ÅR HAR HAFT DET JOBBIGT HELA SKOLTIDEN, SVÅRT ATT HÄNGA MED OCH ANPASSA SIG EFTER SKOLANS REGLER OCH KRAV. Han har ADHD och Aspergers. Kommunen där vi bor lyckades inte själva hitta någon lösning på hans skolgång mer än under en kort tid då han fick gå på ett ställe som hette time out. Under tiden skulle skolan styra upp en fungerande skolgång för sonen men dom lyckades inte. Jag bad själv att få söka och se om sonen kunde få gå i en resursgrupp i grannkommunen som jag hört mycket gott om. Under sommarlovet till åk 7 fick vi besked att han fick börja i den gruppen och det blev hans räddning! Där gick han ut högstadiet med godkända betyg så han kunde söka vad han ville på gymnasiet. Han provade på både fordon och bygg, men tyvärr föll han ur, då han nu skulle stå på egna ben och inte fick den hjälpen han behövde. Men jag är så glad över det grannkommunen gjorde, gymnasiet får vi ta i fatt när sonen känner sig redo!

//Eva

87. LYCKLIGT SLUT?

MIN DOTTER HAR ETT SKÖRT MÅENDE OCH HAR I MÅNGA ÅR FARIT ILLA MED SIG SJÄLV. Vi har haft många stödinsatser från olika håll. BUP och socialtjänst får tummen upp för att ta problemen på allvar. Men skolan har inte nått fram som vi skulle önska. Eftersom det rört sig om svåra problem som till slut även innefattade missbruk blev skolpersonal nog skrämda. Men även dessa barn har rätt till ett bra bemötande och en anpassning som fungerar. Bäst har det fungerat på den skola med en engagerad specialpedagog som jobbade med lärarna som en del i lärmiljön. Eftersom jag själv är lärare har jag funderat mycket på vad som skulle kunna göra skillnad. Jag skulle vilja att ALLA lärare åtminstone fick genomgå en fortbildning i tre steg:

1. Föreläsning med någon som kan berätta med egna erfarenheter om hur det är att leva med NPF-diagnos eller vara förälder till ett barn med NPF.
2. Föreläsning om hur NPF-vänlig undervisning kan se ut.
3. Strukturerat förändringsarbete på respektive skola med fokus på hur vi kan förbättra oss själva.

Just nu sitter min dotter på behandlingshem och har en paus från sina studier. Sorgen kring detta är ofantlig. Vi undrar hur det kommer att gå för henne i framtiden. Törs vi hoppas på ett lyckligt slut?

//Tigermamma

88. SKOLAN FÖRSTÖR DOTTERNS LIV

HAR EN DOTTER PÅ 8 ÅR. Diagnoser Aspergers och ADHD. Fick diagnoserna för ett år sedan. Går i en stor kommunal skola med flera elever i klassen med speciella behov. Dottern är en klassisk flicka med diagnoser och visar inte sina svårigheter i skolan. Bryter ihop hemma. Rasten fungerar inte. Ingen kompis på fritiden. Orkar inte gå på fritids. Vi hämtar henne kl 14 varje dag.

Missförstånd med kompisar är vardag. Ingen vuxen i skolan som hjälper på rätt sätt. Rektorn har uttryckt sig att hon inte tycker om resurser som " skuggar barnen". Det står tydligt i utredning att behov finns av resurs.

Det känns som om det går utför.

Står i kö till resurs skola.

Jag som mamma orkar inte se hur dottern lider.

Ska man ha det så här vid 8 års ålder?

Vad blir det då när tonårs perioden kommer?

//Sorgsen mamma

89. VERA 8 ÅR, MED AUTISM MEN UTAN STÖD

VERA SER UT SOM EN LITEN ÄNGEL MED LÅNGT LJUST LOCKIGT HÅR OCH HON SKUTTAR ALLTID FRAM ISTÄLLET FÖR ATT GÅ. Hon har sedan 3 år tillbaka en diagnos inom Autismspektrat, hon är vad man säger högfungerande. Hon går i åk 2 i en stor kommunal skola i Stockholm, i en klass med 28 elever och en lärare som snart går i pension. Hon kämpar varje dag, gråter varje dag innan skolan och hon är alltid ensam när jag hämtar henne, aldrig tillsammans med något annat barn. Hon är så trött av att hålla ihop och klara sin vardag i skolan att hon inte orkar något annat, inte ha någon fritid alls. Skolan har skrivit ett åtgärdsplan (efter jag förra året gjorde en anmälan till Skolinspektionen som gav skolan ett föreläggande) men åtgärdsplanen innehåller inga reella resurser, inget stöd i verkligheten till en liten tjej med ganska stora osynliga svårigheter. Det är en pappersprodukt där skolan skriver för syns skull om åtgärder som i verkligheten inte gör någon skillnad. Att den hårt prövade fritidspersonalen ska extra "se" Vera? Att klassen två ggr i veckan är halvklass? Vad Vera behöver är STÖD, mindre sammanhang under skoldagen, kunnig personal som vet hur barn med de här diagnoserna fungerar och lär in som har EXTRA tid och timmar att avsätta. Med hjälp kan Vera få en värdig inkluderande skoltid, nu kämpar hon själv, kanske med hela sitt väsen som insats och mitt hjärta brister varje dag.

//Åsa Zetterström

90. "HELST AV ALLT VILL JAG BARA VARA VANLIG!"

SÅ SA 10-ÅRIGA SONEN DÅ JAG TVINGADES KÖRA FRÅN JOBBET FÖR ATT HÄMTA HONOM FRÅN SKOLAN NÄR TILLVARON KRASCHAT. En av alla dem gånger som jag fått kasta mig i bilen och ursäkta mig för mina arbetskolleger, för att samla ihop bitarna av min olyckliga son! Ord som sved i hjärtat!

Det är tungt att med ord formulera det min son har varit med om. Som hela familjen fått vara med om! En familj som slutade med splittring, skilsmässa och utbrändhet, förutom ett barn som inte förstår varför, och till slut gör uppror mot hela världen.

Det började med ett andningsuppehåll som nyfödd, man bedyrade att inga skador blev följden. Men oron var stor då han under hela småbarns tiden inte riktigt betedde sig som sina syskon. Han var hyperkänslig och hade hyperenergi i allt. Oförsiktig, svårt att komma till ro och svår att få nöjd.

Dagis gick bra, tack vare fantastiska dagis fröknar som kunde anpassa sig efter hans behov. T ex satt dem och "kliade rygg" vid måltiderna för att han skulle sitta stilla. Han var en glad kille och omtyckt av vännerna. Med spring i benen!

I förskolan rasade hans tillvaro. Jag bad om ett skolmognads test, pedagogen intygade att han var mogen, inga problem.

I skolan kunde dem inte hantera hans energi, klassen var stor, både nollor och ettor, ca 30 barn och endast 2 lärare. Han blev förvisad ut i kapprummet där han lekte med det han kunde. T om de andra föräldrarna reagerade att han alltid satt i kapprummet!

Han blev aggressiv i skolan men mest hemma, han var frustrerad, arg och ledsen. Vi fick göra en utredning i ettan som visade på ADHD.

Till slut fick han en assistent viss tid men skadan var redan skedd.

Ofta, ofta blev han fasthållen med våld av assistenten, en gång en hel halvtimme och allt förvärrades. Jag såg ingen annan utväg än att byta skola då rektor vägrade ge rätt resurs, resurs med kunskap!

Vi flyttade till ny kommun och fram till 3:e klass var som en lättnad han trivdes, vart en i klassen och gjorde framsteg. Läraren var av den gamla sorten men gick tyvärr i pension efter trean!

"Det är tungt att med ord formulera det min son har varit med om. Som hela familjen fått vara med om! En familj som slutade med splittring, skilsmässa och utbrändhet, förutom ett barn som inte förstår varför, och till slut gör uppror mot hela världen."

Därefter startade helvetet för honom. Klasser slogs ihop, blev över 30 elever i klassen och två nya mentorer. Han hade svårigheter att hänga med och med koncentrationen. Den ene läraren var fruktansvärt opedagogisk medans den andra försökte så gott hon kunde. Ett år senare byttes båda lärarna ut igen och hela hans värld ställdes på sin spets. Han rasade, fick assistenter som kom och gick, fick sitta med assistent och dator i en skrubb för att inte störa.

Kompisarna tog avstånd och han bråkade allt mer enligt lärarna. Ofta, flera gånger i veckan fick jag köra till skolan. Ibland rymde han när han kände sig trängd, assistenten kunde ställa sig i vägen för dörren, då hoppade han ut genom fönstret, mitt i vintern och i bara T-shirt gick han mer han en halv mil till mitt jobb!!

Trots alla dessa motgångar i skolan ville han vara där, han ville verkligen klara skolan! Jag hade otaliga möten med lärare och rektor för att försöka hjälpa till att hitta strategier. Men att få en fast assistent med rätt kunskap va för mycket begärt, fanns inga pengar!!

Till slut föreslogs från skolan att förkorta hans skolvecka, han skulle vara hemma någon dag, för dem tyckte att han inte orkade med skolan! Ja men, jag då? Jag jobbar!

I samma veva görs ny utredning och han får även diagnoserna Aspergers och läs-skrivsvårigheter.

I 5:an får han komma till ny skola där en s k AS-klass finns. Det är bara 3 elever förutom sonen och det ser lovande ut. Första tiden gick bra. Det fanns en lärare och en elevassistent då. Sen tillkom en ny lärare med erfarenhet av Aspergers och det blev bara så fel. Sonen hade svårt att sitta stilla, att var tyst osv. Han blev förvisad ut till en annan byggnad där det inreddes ett kalt rum till honom. Han hatade att vara där. Denna nya lärare hade noll kunskap eller förståelse, t ex vid högläsning för honom slutade hon läsa om han pillade med nåt annat under tiden!!! Det var ju då han bäst kunde koncentrera sig på vad han hörde!

Han ledsnade, ville inte gå till skolan, ville inte leva och hotade med att hoppa från taket! 11 år gammal. Jag hade möte efter möte med skola, rektor, Habilitering, men förståelsen är under all kritik. Till slut tillkännagav rektorn att det inte fanns resurser att hjälpa honom på den skolan och vi sokte i stället efter privat alternativ.

I halva 6:an bytte han till privat friskola med anpassad skolgång och han lyckades. Då hade jag själv bränt ut mig på vägen och kunde nu börja slappna av. Trodde jag! Eftersom kommunen bara köpt skolgången åt honom så fanns inga pengar att låta honom få ha sin fritids verksamhet genom skolan som de andra eleverna som kom från andra kommuner. Så när de andra åkte på aktiviteter som fiske, träning eller läger fick han inte följa med!

Tyvärr lyckas han alltid hamna mellan stolarna på nåt vis, jag fattar inte att man säger man ser till barnens bästa när regelverket är så snävt. Sonen förändrades här från att vara en aktiv kille till att bli sittandes hemma framför datorn eller tv. Han gick upp mycket i vikt och fick dålig kondition. Trots att skolan gick bra så tappade han sitt självförtroende och blev bitter på samhället och tron på framtiden var i botten.

Han lyckades från inga godkända betyg gå ut 9:an med 11 godkända betyg!! Han jobbade hårt sista tiden (i våras) för att få komma in på skolan han drömmer att få gå på. Han vill bli något, inte en belastning för samhället utan få ett yrke han kan trivas med.

Han sökte till anpassad gymnasieskola i våras men fick avslag från kommunen. Detta överklagade vi till förvaltningsrätten som vi nu efter ett halvår fått veta att vi vunnit!

Trots detta har inget ännu hänt. Kommunen fortsätter dra ut på det och nu ska det upp i nämnden igen för beslut! Han mår mycket dåligt, sover hela dagarna då han saknar sysselsättning och har fått högt blodtryck av den känslomässiga stressade situationen. Jag pratar med socialförvaltning, ringer jurist och kommunchefer men får bara svävande svar. Ska det verkligen vara så att ingen tar ansvar för att en 16-åring hamnar i psykisk ohälsa!? Kan man orosanmäla kommun?

Som ensam står man sig slätt och inte får man mycket hjälp som förälder. Många är vi föräldrar som tvingas kämpa för våra barns framtid och att vi sen blir utbrända på vägen och kostar massor finns ingen statistik på!

Allt jag vill är att min son ska bli inkluderad i samhället men sätt honom i vanlig skola utan rätt resurs så blir han exkluderad på studs! Vägen till inkludering är att skapa självständiga individer med rätt kunskap och förutsättningar att klara sig själva!

//Bara mamma

91. VARDAG PÅ SKOLAN

HAN SITTER VID ETT BORD MED SIN TELEFON. Det är morgon och klassrummet börjar fyllas. De är ett trettiotal elever. Han hör hur klassläraren påminner om telefonerna. En liten stund bara, tänker han. Snart, ska bara...

–Lägg ifrån dig telefonen! skriker resurspedagogen...

–Tänker jag inte, svarar han och fortsätter spelet.

–Ska du ha undervisning på annan plats, fortsätter pedagogen argt.

–Jag lyssnar inte på dig, svarar han kort.

Inkluderingspedagogen tar tag i stolen, han sitter på, och föser den framför sig mot utgången. Nu reagera pojken med funktionsnedsättning och ställer sig upp och försöker värja sig mot den vuxne. Han springer ut från klassrummet med personalen efter sig. I förbifarten sträcker han sig efter sopskyffeln och kastar den bakåt. Den träffar den vuxne på benet och hon bromsar upp. Han tar till flykten på toa och låser in sig. Utanför hör han snart de två inkluderingspedagogernas upprörda röster. Aldrig att han öppnar. Han spelar en stund och plötsligt hör han ingenting. Han går ut. Kusten är klar. Han går tillbaka till klassrummet.

–Vad bra, säger läraren, du kan börja med uppgiften och ger ut kartong och en papperskniv.

Han tycker det är kul. De ska konstruera ett hus. Han avbryts abrupt av den andre inkluderingspedagogen som vill påkalla hans uppmärksamhet och diskutera vidare tidigare konflikt, med kollegan.

Skulle inte tro det.

– Stick, svarar han!

Impulsivt och föga pedagogiskt, lyfts han ut ur rummet. Förnedringen är total. Alla stirrar. Han mottar ett slag i magtrakten på den vuxne och sliter sig loss. Han har hjärtbank och vet inte var han skall ta vägen. Hon kastar sig utför trapporna och ner. Hans fadderbarn vill leka mitt i kaoset. Han kan inte. Han hinner inte. Han knuffar undan. Han har ADHD. Han är elva år och han vill hem.

//Mamma

92. POJKEN SOM INTE VILLE GÅ I SKOLAN

HAN ÄR 3 ÅR OCH LIVRÄDD FÖR DET MESTA. Ljud, vatten i ansiktet, hyacinter, spindlar, dockögon, mycket folk, kladd på fingrarna. Han älskar allt som snurrar, hål som man kan stoppa saker i, roterande ljus, tåg.

Han är 4 år och börjar på dagis. Han kräks. Han sitter i ett hörn och kramar sin lilla ryggsäck med frukt för så småningom blir det fruktstund. Han vet inte vad fröknarna eller kamraterna heter. "Det går över" säger folk men vi vet. Vi skriver upp allt som är svårt och hemskt. Vi fyller ett A4 ark. Han får diagnos Aspergers.

Han är 5 år. Han rymmer, han får raseriutbrott, han får affekt-kramper. Han kan stå nere i tunnelbanan i timmar och titta på tågen när de kommer ur tunneln. Han börjar på dagis med assistent men får aldrig vara med i gruppen. Han får inte äta med barnen, inte gå på utflykt med barnen.

Han börjar på 6-års i liten grupp, förstående personal, strukturerad pedagogik.

Han är 15 år. Han går fortfarande i liten grupp med förstående, kompetent personal och strukturerad pedagogik. Han har självför-troende, toppbetyg, trivs, har vänner, har sluppit sår i själen, ser fram mot gymnasiet.

Men eftersom det går så bra får han inte gå kvar?

Var ska han då gå? Vilken skola kan ge den tryggheten?

Det kostar för mycket!

Hur mycket är ett barn värt? Hur mycket får ett barn kosta? Vem avgör vad som är rimligt att satsa?

Under 15 år har jag dagligen följt hans utveckling. Jag vet att varenda satsad krona har inneburit skillnad! Så rör inte mitt barn-barns skola!

//Mormor

93. EN OLYCKLIG SKOLGÅNG

HAR EN SON, MARCUS, SOM IDAG ÄR 17 ÅR MED ADHD, ASPERGERS OCH TROTSSYNDROM som diagnoser och som haft det tufft hela skoltiden. Han blev mer och mer satt i ett eget rum med en egen lärare, vilket gjorde att han kände sig ensam, i åk 4 fick han ha egen skola med en lärare i en scoutstuga där han helt kom ifrån sina kompisar då den inte låg nära skolan. I åk 5 bytte han skola, fick tre nya kompisar och dom umgicks varje dag efter skolan. Men vid ett möte blev dessa barn förbjudna att va med min son på skoltid, dom fick inte binda upp sig kring honom även att dom själva ville det och föräldrarna hade absolut inget emot att deras barn var med Marcus, dom träffades ju även på fritiden! Marcus blev än en gång satt i egen undervisning med lärare som vägrade låta honom va annorlunda, hemmadagarna börjar bli fler och fler. I skolan ropar lärare till andra elever att dom ska akta sig för min son för han är farlig och när han vid några tillfällen varit arg har dom låst in honom i ett rum.

I åk 6 börjar alla i klassen en ny skola och Marcus ser positivt på det, speciellt över att få börja läsa tyska men det visar sig snart att det ska bli det värsta han varit med om. Matteläraren vägrar se till hans funktionshinder, suddar hela hans mattebok då han inte gjort uträkningar på rätt sätt, vilket resulterade i att han inte ville göra något mer på lektionerna och varje dag lektionen började stod läraren i dörren och sa "Jaså, här kommer du som ändå inget gör, du kommer bli hemlös och fattig!". På en tyskalektion blir sonen osams med en annan elev och sonen blir förbjuden att ha tyska mer! I hemkunskapen förstår han inte varför han måste diska efter en annan elev som ätit och får efter det inte ha hemkunskap mer.

Sonen blir nu hemmasittare, vägras hemundervisning fast både han och vi vill det, en studiegång i en annan lokal upprättas, 2 ggr i veckan a 1 timme. Här träffar Marcus den bästa läraren han någonsin haft men ärren har satt sina spår och ångesten över skolan blivit allt för stor och oftast ligger han kvar hemma i sängen. Läraren gör så gott han kan och läser historia och tyska med honom.

Marcus går ut grundskolan utan ett enda betyg, trots att han sitter med så mycket kunskap...

//Eva

94. MÄNNISKOR

SAMANTHA, ZAGGE BERGQUIST, 12 ÅR, VALLENTUNA: "JUST NU SÅ LIGGER JAG I SÄNGEN OCH FUNDERAR ÖVER HUR JAG SKA SKRIVA DETTA. Jag gillar inte skolan. Jag har det otroligt jobbigt och jag har inte berättat om varför jag inte är i skolan för klasskamrater. Men det tänker jag göra nu. Jag ska inte skämmas." För en tid sedan gick Samantha, Zagge kallad av familj och vänner, ut och berättade på sin blogg om sin adhd och sina läs- och skrivsvårigheter. Sedan dess har hon fått bättre stöd och förståelse från kompisarna. "När jag fick mina diagnoser insåg jag att jag inte är som alla andra. Men bara för att jag har svårigheter så betyder det ju inte att jag är konstig. Jag är bara annorlunda." Zagge har anpassad studiegång och går i skolan tre dagar i veckan. Det andra gör per automatik kräver stor ansträngning från henne. "Bokstäverna hoppar omkring och byter plats och jag måste anstränga mej så mycket att jag blir trött och får ont i huvudet." Lärarna försöker stötta genom att spela in texter och ge henne ljudfiler. De har också förståelse för att hon inte kan sitta lika still som sina kamrater. "Det typ pirrar i benen och så sätter det sej i hjärnan att jag bara måste röra på mej. Det är som med hunger. Det går inte att stoppa." Det har varit tufft för Zagge i skolan. Hon försökte dölja sina svårigheter och passa in men det snackades skit bakom hennes rygg. "Jag låtsades läsa fast jag bara satt och bläddrade i boken. Eller så sa jag att jag skulle på toan när jag egentligen behövde ta en paus. Sen spreds det ut ett rykte om att jag var nåt "dyslexibarn". Jag försökte att inte bry mej men det var jobbigt för de andra ville inte vara med mej. Då ville jag inte gå dit." Zagge är lättad över att ha berättat. Hon säger att hon inte vill gömma sig längre. "Jag vet andra som har diagnoser som försöker dölja det och låtsas som att de inte har några problem. Men jag har insett att ju tidigare man vågar vara sej själv ju bättre mår man. Man blir faktiskt mer normal av att berätta."

//Jiang Millington

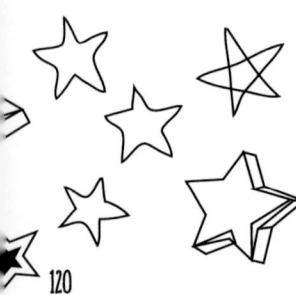

95. LÄRARE SOM INTE FÖRSTÅR

SONEN SOM IDAG ÄR 17 ÅR, GICK UT GRUNDSKOLAN UTAN ETT ENDA BETYG. Ja ni läste rätt, inte ett enda betyg! Pressen och ångesten över att ta sig till skolan blev så stor att han blev hemmasittare. Både han och jag bad om hemundervisning men nekades det. Att så oförstående lärare finns kvar på skolor som kan tala om för ett barn hur värdelöst det är, att det kommer bli hemlöst och fattigt, är för mig en gåta. Hur ska ett barn stärkas i sig själv om det får höra något sånt dagligen?

//Ledsen förälder

96. OLLE 11 ÅR, ADHD OCH AUTISM

NÄR OLLE GICK I FÖRSTA KLASS LÄRDE HAN SIG SKRIVA LITE GRAND. Nu går Olle i femte klass och skriver fortfarande meningar med tre ord, (om han skriver alls). Kraven som kom i första klass ökade successivt och i samma takt protesterade Olle. Man har i den kommunala skolan provat det mesta – enskild undervisning, egen assistent samt liten undervisningsgrupp. Inget hjälper Olle framåt. Jag hävdar att det beror på okunskap och fyrkantig skolmiljö. Olle "spyr" snart på stenciler! Han behöver annan inlärningsform! Kortare lektionspass och lära genom att göra! Olle är en praktiker. Olle är godkänd i ett ämne – slöjd. Varje dag är ett misslyckande! Min son mår inte bra! Hur ser hans framtid ut? Om han hamnar snett… vill samhället ta kostnaden då? Olle har drömmar! Han vill bli soldat eller kock. Han vill ha en fru och barn. Han vill bo vid havet och fiska!

//Ulrika

97. FRÅN VÄRSTING TILL "BÄSTING"

REDAN FRÅN FÖRSTA DAGEN FÖR 6 ÅR (FÖRSKOLEKLASS) SEDAN SÅ HAR SONEN FIGHTATS MED "SKOLMILJÖN". Skolmiljön i min värld är även inkluderande lärare, assistenter, mat tanter, vaktmästare, rektor, Ja alla som jobbar i skolan och alla som går där med sina besökande föräldrar!

Sonen har varit en tickande bomb som kunde sprängas upp till "massa gånger" per dag och orsakerna kunde vara allt från en misstolkning / knuff / ljud / ingen vilja / trötthet / ledsamhet mm
Ibland fungerade allt bara bra i 30 minuter, då vart alla glada!
Ibland fungerade ingenting å då fick man gå ut i korridoren, lägga sig i soffan vilket var så där "toppen nice"!

Min son har legat i den där soffan många gånger och tyckt livet varit "super nice" tyvärr lär man sig ingenting där...

När sonen helt plötsligt kom upp i åk 5 och fortfarande fick gå och dra så blev mamman arg och sa Nu får ni sluta bedriva förskoleverksamhet!

Sonen måste lära sig saker också!

Vill förtydliga att under dessa 5 år så har mamman varit i skolan massa gånger, varit m på lektioner, vabbat många veckor, haft sonen i sin affär, skolans personal kört sonen till affären osv osv

Nu skulle sonen börja i 5:an, mamman pratade m rektorn och sa
- Ja måste bli hans assistent, vi måste lära honom att gå i skolan, vi måste ta bort allt som stressar honom så han får en chans att ta in det som är viktigt dvs skolarbete. Som assistent så får jag ta bort allt som oroar och kan ställa till det för honom, vara hans filter och sortera bort allt ovikigt.

Nu går sonen i 6:an, snart är det jullov!

Sonen går till skolan varje dag, sonen gör sitt skolarbete ordentligt, sonen hjälper andra som har det lite jobbigt nu och ser sitt skolarbete som väldigt viktigt!

Det bästa är att sonen fått ett liv tillbaka i en miljö som tryckt ner honom, som tog bort hans livslust p g a av okunskap och stressade pedagoger..

Det bästa är även att sonen fått ett perspektiv på sitt liv, vilket är ett oerhört bra sätt att få växa fram, härligt att se hur han kan jämföra saker då och nu!

Säger bara.. Tack skolan och Tack Rektor för att DU vågade gå utanför boxen och anställa mig som sonens elevassistent med knivskarp spetskompetens för det här barnet.

Detta är säkert inte en lösning som passar alla men det är "utanför boxen tänket" som jag hedrar av hela mitt hjärta!!

//Marianne

98. SKAMLIGA SKOLOR

Min son är idag 15 år, han har missat 2 1/2 år i skolan och bara suttit hemma eller drivit runt på stan. Allt började när han började sjätte klass, från att alltid haft väldigt lätt för sig så kom helt plötsligt kraven inför högstadiet.

Han har alltid haft läshuvud, varit extremt vetgirig och har han inte vetat något så har man fått sökt tills svar finns på hans funderingar..

Men som sagt var började han sexan, kraven ökade och han brakade. Han klarade inte längre kraven, klarade inte av att sitta still i klassrummet, han hade ofta ont i huvudet, ont i magen och mådde allmänt dåligt.

Han var den där stökiga ungen som alla andra barn var rädda för, som rev sönder böcker och papper i ren frustration, som hamnade i slagsmål och som polisanmäldes gång på gång för skadegörelse, olaga hot, misshandel och sexuella trakasserier.

Jag satt i timmar i telefon med skola, soc, föräldrar och andra människor som kunde tänkas hjälpa mig!

Min son drog från skolan så fort han hade chansen och vägrade gå tillbaka. Jag skrek på hjälp, jagade, grät och slog huvudet i väggen.

Jag bad skolan om hjälp för att få komma till BUP och få hjälp med en utredning, skolan svarade med att göra en pedagogisk utredning och kom sedan med följande ord;

"Han är väldigt intelligent och visar inte på några brister kunskapsmässigt, därför anser vi inte att han behöver vidare utredning".Min son är inte dum i huvudet, dom flesta barn/ungdomar med diagnos är långt ifrån dumma i huvudet utan snarast mycket intelligenta.

Hela 6:an gick och han slutade där ännu mer arg, ännu mer besviken på vuxenvärlden men ändå med ett driv och en enorm motivation inför högstadiet som skulle bli hans nystart!

Han började 7:an och redan på forsta samtalet talade hans mentor om att dom minsann hade hört talas om honom men att på den här skolan tränas man inför livet och då är det bäst man sköter sig!

Två veckor hann han gå i skolan innan han blev avstängd första ggn pga att dom ansåg att han störde studiemiljön för dom andra eleverna!

Under hans första termin i 7:an så var han avstängd mer än han var i skolan. Eller att säga att han var i skolan vore lögn, för dom dagarna han inte var avstängd så fick han träffa en lärare ensam på biblioteket i ca 1 timme.

Ännu en ggn gjordes en pedagogisk utredning och igen fick vi svaret att han var så intelligent så han kunde inte ha någon diagnos, han var bara ouppfostrad och elak..

Vid den här tiden kom soc behandlingsenhet in i bilden och tillsammans hade vi flera möten med skolan.

Skolan la sig platt och menade att såna ungar som min son kunde dom ej ta hand om, så vi gjorde bäst i att söka en annan skola.

Sagt gjort, förtroendet för skolorna var i bott, men vi valde att sätta honom på anvisningsskolan i kommunen och allt började om.

Skillnaden denna ggn var dock att vi faktiskt fick ett åtgärdsprogram, han fick en resurs, han blev skickad på olika behandlingar och liknande där han skulle få komma in i skolan igen.

Inget funkade men denna skola lyssnade faktiskt och när jag nu sökte BUP för ungefär hundrade ggn så fick vi hjälp, en utredning som senare skulle resultera i ADHD/OCD och misstänkt autismspektrum gjordes och han fick påbörja medicinering..

Skolan funkade dock fortfarande inte och ännu en ggn stod man där och visste inte vad man skulle göra av min unge..

Tillslut så tröttnade jag och gick in i skola och soc och krävde att han skulle få en plats på specialskola!

Ofattbart nog så sa dom ja till detta och i mars 2014 påbörjades inslussningen!

Inte en enda dag har min son skolkat sen han började där..

Men det är fan att man ska behöva gå igenom eld och att man ska behöva stånga sig blodig för barnens rätt!

Vi har fått ett sånt fruktansvärt dåligt bemötande av skolor genom åren, min son har tappat all tilltro för vuxna och för skolan..

Idag trivs han och mår jättebra, men jag fasar för den dagen då han ska börja gymnasiet och åter igen hamna i vanlig klass med elever i mängder, stressade lärare/pedagoger och inga rättigheter egentligen..

Skolan ska rusta barn och ungdomar för en framtid, ett liv, istället gör dom det motsatta och det gör mig ont!

Mvh Johanna , mamma till E 15 år!

99. 3 POJKAR MED RÄTTEN TILL SKOLA!

3 GOSSEBARN KOM TILL VÄRLDEN ÅR 95, 04, 07 DET VAR MINA BARN!

Det visade sig snabbt att alla mina barn skulle kosta samhället mycket pengar. I början av deras liv fungerade det som "mallen" åtminstånde för 2 av dem de åt och sov, och gjorde sina behov i blöjan . Min nr 1 visade sina behov fort genom att springa som 7 månaders baby och läsa vid 3- år. Jag grävde indianer på Bup i sandlådan från 4-års ålder men till slut kom diagnosen vid 14 : Adhd: kostnaden för samhället är miljonbelopp eftersom han slogs ut från skolsystemet , samhället och familjen. Son nr 2 "vid 9-års ålder efter att ha kallats lat, dum, slarvig m.m och att han väljer bort kompisar, hemmasittande . Vi föräldrar krävde en remiss: ADD, dyslexi, ångestproblematik.

Son nr 3: Visade redan på BB att han hade behov. Ett krig började över att han behöver "All" hjälp ! Vi har redan vår ryggsäck ! 3 utredningar gjorda , tränad från dag 1.Han fick gå i liten grupp fram tills 6-års blir placerad i en grupp på 29 barn, resurs 4 timmar. Nu går han i åk 1 med 6 timmar resurs. Gruppen på fritids är 70 barn. Han sköter sig.. Läser och skriver och fattar ingenting: Undrar vad summan blir för honom? Diagnos: Essence: troligen: Autism, adhd, språkstörning , Psykiska Ep, Astma, Allergi m.m. Dax att prata om exkludering i en som det sägs inkluderedade skola. Kalas lappar uteblir och vi föräldrar kämpar i motvind! DYRT blir det!

//Huddingemamma

100. SJU TERMINER UTAN SKOLGÅNG

I SJU TERMINER HAR MITT BARN INTE GÅTT I SKOLAN. Det började i
årskurs fem med fysisk sjukdom med lång frånvaro som övergick
i ångest, depression och en vilja att inte leva. Den hjälp vi fick från
BUP var mer stjälp än hjälp och efter två år, fortfarande utan diagnos,
valde vi att anlita en privat och därmed dyr aktör som inom några
veckor ställde diagnos Aspergers. Äntligen kommer vi få mer hjälp
tänkte vi. Och visst har vi fått det i form av utbildning och hjälpmedel
via Aspergercenter och vissa insatser inom LSS men det har inte
gjort någon skillnad för skolsituationen.

Skolan anser att dom har möjligheter att hjälpa hen om hen bara
kommer dit. Det har hen gjort till och från i sju terminer och då som
mest någon lektion om dagen. Att gå deltid i skolan gör att man
kommer efter i alla ämnen, inte klarar prov och därmed känner sig
korkad och det gör att man inte vill gå mer. Att barn ska rehabilite-
ras på samma sätt som vuxna med återgång successivt under lång
tid med anpassade uppgifter så man går hem med en bra känsla i
magen verkar inte finnas ens i skolans tankevärld.

I sju terminer har mitt barn inte gått i skolan men det innebär
inte att vi haft sju terminer hemundervisning. Lägger vi ihop samt-
liga gånger vi fått hemundervisning så motsvarar det knappt fem
lektioner i veckan i en termin. Hen har lätt för sig. Den terminen vi
hade som mest hemundervisning gjorde hen prov och fick bra betyg.
Under alla terminer är det jag som försökt upprätthålla någon form av
skolgång. Jag har mejlat lärare om terminsplanering, hämtat böcker,

"Förvärvesarbete kräver att man är på plats, kan åta sig saker och utföra dem i tid. Det klarar man inte med ett barn med särskilda behov som är hemmasittare och mår så dåligt att hen inte vill vara ensam."

försökt göra skolarbete med hen, samt föreslagit mängder med lösningar till skolan. Jag har dessutom försökt vara psykolog eftersom barnpsykiatrin fungerar lika undermåligt som skolan för hemmasittare.

Jag är hemma på heltid med min tonåring, något jag absolut inte vill. Jag hade en karriär och älskar det jag arbetar med. Men förvärvsarbete kräver att man är på plats, kan åta sig saker och utföra dem i tid. Det klarar man inte med ett barn med särskilda behov som är hemmasittare och mår så dåligt att hen inte vill vara ensam så numera är jag bidragstagare. Som mamma sätter jag självfallet mitt liv på paus för att hjälpa mitt barn så gott jag kan när ingen annan gör det. Men att som självständig kvinna 2014 ofrivilligt behöva vara ekonomiskt beroende av min man och inte vara yrkesverksam känns allt annat än bra.

Vill mitt barn gå i skolan? Självklart! Hen saknar kompisarna och avskyr att känna sig korkad och annorlunda. Hen behöver bara en skola som är anpassade för hens behov och som kan hantera att hen kommit efter mycket både socialt och kunskapsmässigt efter sju terminer hemma. Det finns skolor som passar. Men de kostar mer än skolpengen. Någon måste stå för mellanskillnaden. Hittills har ingen velat det.

Varje barn som inte går ut skolan kommer kosta samhället tiotals miljoner. Hur många miljoner det kostar samhället att jag inte längre är skattebetalare utan bidragstagare vet vi inte än. Det beror på hur länge det tillåts att barn med särskilda behov inte får rätt hjälp och därmed sitter hemma termin efter termin.

//Uppgiven, arg och desperat förälder.

101. LIKA FÖR ALLA, VARFÖR?

INKLUDERING, ÄR DET VERKLIGEN BRA? Sitter med ett eget facit som säger NEJ. Efter 6 barn i olika åldrar varav tre med NPF-diagnoser kan jag tveklöst säga nej. Att tro att alla mår bra i samma skolform är vansinnigt, det drabbar både barn utan diagnoser och barn som behöver extra stöd.

Min äldsta, född 87, fick sin ADHD-diagnos alldeles för sent, vid 23 års ålder. Hela skoltiden var en kamp, han var ett problem både för sig själv och klasskamraterna. Idag lever han utanför samhället med tungt missbruk, kanske hade det kunnat bli annorlunda om skolan kunnat stärka självkänslan. Kanske hans klasskamrater hade kunnat få en lugnare och bättre lärandemiljö om han erbjudits annat alternativ. Kanske inte så mycket tid hade spenderats i korridorer eller på andra platser än i skolan med kriminalitet som följd. Historien upprepade sig med barn nummer fem, född 93. Här reagerade man dock lite snabbare i skolans värld och vi som föräldrar förstod tidigare. För henne slutade det iallafall med godkänt i grundskolan, fast gymnasiet fungerade inte alls. Det hela mynnade ut i omhändertagande enligt LVU, ett otal behandlingshem samt en ADHD-diagnos först när hon skrivits ut från den sista behandlingen. Jobbar sig sakta men säkert tillbaka till samhället nu, med jag kan inte låta bli att undra om det inte kunnat vara annorlunda om man förstått och reagerat tidigare.

Den sista underbara älsklingen, född 02, klarade förskolan fast uppförde sig inte som kamraterna. Lågstadiet passerade, fröken meddelar att hon kan bara hon vill, men hon vill ju inte. Vis av erfarenheter tjatar föräldrar om utredning, den blir gjord, men det tar tid. Remiss från skolpsykologen, väntetid på nio månader, vårdgaranti åberopas, tid inom tre veckor. Läkar- och psykologbedömning visar Aspergers och ADD, hoppsan. Rekommenderas att söka specialskola, läkaren förklarar: "Hon kanske klarar årskurs 6, men i sjuan kommer det inte att gå längre".

Hon blir lättad över sina diagnoser, nu förstår hon varför hon inte är som de andra. Jag är "aspie" säger hon med stolthet. Vill byta skola och får en plats på Helleborus i angränsande kommun Täby. Hemkommunen kan inte erbjuda något. Hon trivs, hon lär sig, vi andas ut, kanske kommer hon att slippa så mycket elände som hennes syskon gått igenom. Sedan kommer bakslaget: Inkludering. Kommunen drar ned ersättningen till barn med särskilda behov, skolpengen ska fördelas på samtliga barn istället. Varför? Det är tur att hon har föräldrar som är vana att slåss för sina barn.

Jag vet redan att neurotypiska barn fungerar utmärkt i den skola som finns, de vill inte heller dela den lärandemiljön som barn med NPF har behov av. Lärandemiljön för barn med dessa särskilda behov kräver en strikt struktur där utrymme för fritt skapande och kreativitet begränsas. Detta skulle inte passat för mina barn utan diagnos, som klarade skolan och idag är unga välfungerande vuxna. En skola som främjar individuellt skapande, egna projekt och det egna lärandet fungerar inte för individer vars vardagliga problem består i att inte klara av att planera, strukturera och organisera.

I min värld är inkludering något som låter vackert och självklart ska man inte exkludera. Men det är inga barn som vinner på detta, alla förlorar. Oavsett om man har diagnos eller inte. Det är också samhällsekonomiskt lönsamt att satsa på skolan och där hjälpa eleverna att utveckla sin självkänsla. För det är enklare att bygga starka barn än att laga trasiga vuxna.

//Kämpande mamma

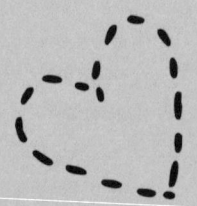

NPF

I SVERIGE FINNS, ENLIGT FORSKARE, MINST EN MILJON MÄNNISKOR MED
NÅGON FORM AV NEUROPSYKIATRISK FUNKTIONSNEDSÄTTNING (NPF)
såsom till exempel ADHD, dyslexi, Aspergers, autism och ADD.
Det är kognitiva och psykiska funktionsförändringar men inte
begåvningshandikapp. I gruppen med NPF finns såväl svag- som
mycket högbegåvade, men de flesta ligger inom normalbegåvnings-
spannet, precis som resten av befolkningen.

**NPF har sin grund i hur hjärnan arbetar och fungerar, och
personer med NPF kan ha svårt att:**
* reglera sin uppmärksamhet
* styra sina impulser och anpassa sin aktivitetsnivå
* tolka och kommunicera med sin omgivning
* hålla kvar information i minnet
* kontrollera motoriken

Personer med NPF kan också vara väldigt bra på att:
* hyperfokusera
* se detaljer som andra inte ser
* tänka utanför ramarna
* visa idérikedom, fantasi och kreativitet
* lösa problem
* drivas av målmedvetenhet och envishet

Dessa svårigheter förekommer i större eller mindre grad.När
svårigheterna är så stora att de allvarligt påverkar individens
utveckling och möjligheter att fungera i samhället blir de en
funktionsnedsättning.

VAD ÄR PROBLEMET NU?

SITUATIONEN FÖR ALLA DE BARN SOM LÄR SIG PÅ ETT ANNORLUNDA SÄTT BLIR ALLT MER AKUT. Den nya skollagen som kom 2010 gav, genom några otydliga formuleringar, kommunerna en möjlighet att spara pengar genom att minska, eller helt ta bort, stödet till barn med särskilda behov.

Det är framför allt en formulering i skolförordningen som har vantolkats så att inga resurser nu ska ges till stöd i själva undervisningssituationen, trots att det just är där det behövs som allra mest. Det här har lett till att fler och fler kommuner nu drar in sitt stöd till barn med NPF och liknande problem.

Resultatet av kommunernas tolkning drabbar många, men framför allt barnen själva. Barn som inte tidigt får det stöd de behöver hamnar utanför och riskerar att inte kunna fullfölja sin skolgång med fullständiga betyg. Föräldrar och lärare vittnar om deras lidande och utanförskap. Med en trasslig och ofta ofullbordad skolgång bakom sig är de här barnen en högriskgrupp för framtida psykosociala problem, oavsett socioekonomisk bakgrund.

Det ställs också stora krav på skolor, lärare och skolkamrater till barn som inte får det stöd de behöver. Ofta tvingas lärare till omöjliga val när tid, uppmärksamhet och insatser ska fördelas mellan barnen i klassen.

Vi som står bakom **En skola för ALLA** kräver att lagstiftningen förtydligas så att alla barn får det stöd de har rätt till genom att regeringen ändrar i skolförordningen så att kommunen blir skyldig att betala ut tilläggsbelopp för stödåtgärder som har anknytning till den vanliga undervisningen.

ORGANISATIONER DU KAN VÄNDA DIG TILL

* **Barn i Behov** är ett nätverk för föräldrar till barn med funktions-hinder och finns i hela landet. Barn i Behov vill få skollagen ändrad så att kommunerna inte kan smita undan ansvaret med att ge alla barn förutsättningar att klara skolan. →www.barnibehov.se och www.facebook.com/barnibehov.
* **Autism- och Aspergerförbundet** arbetar för att skapa bättre villkor för barn, ungdomar och vuxna med autism, Aspergers syndrom och andra autismliknande tillstånd. →www.autism.se
* **Riksförbundet Attention** är en intresseorganisation för personer med neuropsykiatriska funktionsnedsättningar (NPF) som ADHD, ADD, Autismspektrumtillstånd, Tourettes syndrom och OCD. →www.attention.se
* **BRIS** är en politiskt och religiöst obunden barnrättsorganisation vars verksamhet kretsar kring stöd och hjälp till utsatta barn och unga. BRIS jobbar för att förbättra barns och ungas villkor och rättigheter. →www.bris.se
* **Rädda Barnen** är en barnrättsorganisation som arbetar för att alla barn ska få sina rättigheter tillgodosedda och vars verksamhet grundar sig på Barnkonventionen. Rädda Barnen stöttar barn i utsatta situationer och arbetar för att alla barn ska få tillgång till bra utbildning. →www.raddabarnen.se

EN SKOLA FÖR ALLA!

En skola för ALLA! är ett initiativ för att ge barn med särskilda behov en bra och fungerande skolgång. Det handlar framför allt om den allt större grupp barn som har neuropsykiatriska funktions-nedsättningar (till exempel ADHD/ADD, Aspergers och andra autismspektrumtillstånd) och som av olika anledningar inte klarar av en vanlig skolklass.

En skola för ALLA! startades av engagerade privatpersoner och samlar föräldrar, organisationer och alla andra som vill ge barn med särskilda behov en rimlig chans. **En skola för ALLA!** kommer att existera och agera tills dess att lagstiftningen har förtydligats så att barnen får det stöd de har rätt till. →www.skolaforalla.nu